食卓の力

地頭のいい子を育てる

6歳までに身につけたい30の習慣

佐藤剛史
Goshi Sato

現代書林

はじめに

「食が子どもの体を育む」

これは、誰にでもわかることです。

しかし、食が育むのは体だけではありません。心も育むのです。

なぜ食が子どもの心も育むのか。その理由をお伝えするのが本書です。

さらに、「食が子どもの学力も育む」ということもわかってきました。

私は九州大学で教員をしています。九州大学は、平成二十三年には創立一〇〇周年を迎えた歴史ある大学で、九州随一の人気を誇っています。

長年、多くの九大生を見ていると、愛されて、きちんと食べさせられて育った子どもが多いことを実感します。

そこで二〇一五年七月に次のような調査を行いました。九州大学農学部二年生一二五名を対象にした記述式アンケート調査です。

「高校時の毎日の昼食は？」の問いに、①手作り弁当、②学食、③買った物（パン、弁当等）、④その他、の四択から答えてもらいました。その結果が次のとおりです。

手作り弁当　90・4％（113票）
学食　7・2％（9票）
買った物　1・6％（2票）
その他　0・8％（1票）
計　100％（125票）

この結果は私の予想をはるかに超えていました。なんと、九大生の90・4％が、高校時、毎日、昼食に手作り弁当を食べていたのです。

当然、統計学的な正確性を求めれば、母集団（全九大生）の数から標本数を求めなければなりませんし、農学部に偏ることなく、無作為で標本を抽出しなければなりません。偏差値の低い大学の学生、反対に九大よりもさらに偏差値の高い東大生にも同様の調査を行い、比較しなければなりません。

とはいえ、九大生の90・4％が、高校時、毎日、昼食に手作り弁当を食べていたという一つの事実がこの調査から明らかになりました。

高校三年間、毎日早起きして手作り弁当を作ってくれる家庭ですから、小さいころから、きちんとした食生活を送ってきたはずです。

その「食」の積み重ねが、子どもが九州大学に合格できるほどの学力を育むのです。

「親に愛されているかどうか」は、子どもにとって最大の関心事です。手間暇《てまひま》かけて、ごはんを作ってくれるのです。親が早起きして作ってくれた弁当が、カバンの中に入っているのです。

親の「あなたのことが大切なんよ」「あなたには手間暇かけてごはんを作る価値がある」、そんな見えないメッセージが、ごはんに、弁当箱の中に込められているのです。

子どもは、「俺のことを本当に大切に思ってるんやろうか？」などと心配する必要がありません。

ですから、安心して勉強できるのです。集中して勉強できるのです。結果的に学力が伸び、九大に入れるほどの成績を残すのです。

食は子どもの体を育むだけでなく、子どもの心を育み、さらには子どもの学力をも育みます。食が子どもの未来と人生をつくります。

これが本書のテーマです。

つまり、愛情が食に込められ、その愛情の込められた食が、子どもの心を育み、さらには子どもの学力をも育むのです。

『みやざき中央新聞』で紹介されていた、ある象徴的なエピソードがあります。スラム街で育ったある少年とその担任の先生のお話です。作家の鈴木秀子先生がアメリカのスタンフォード大学で教鞭を取られていたときに、同僚のご友人から聞かれた話だそうです。要約して紹介しましょう。

その女性の先生は、少年が４年生のときの担任でした。クラスの中でその少年だけどうしても好きになれませんでした。

なぜならいつも汚い格好をしていて、授業中はいつも居眠りをしていたからです。何を言っても反応がないし、疲れ果てたような顔をしていたのです。

ある日、「この子さえクラスからいなくなれば」と思いながら過去の学籍簿をめくってみました。

1年生のときの学籍簿には「優秀で素直ないい子。この学校の誇りです」と書いてありました。

先生は驚いて、今度は2年生のときの学籍簿を見てみました。

そしたら「お母さんが病気になり毎日が大変らしい。それでもめげず、よく勉強しています」とありました。

しかし、3年生の学籍簿には「母親死亡。父親がアルコール中毒になった」と書かれてありました。

それを見て先生は、10歳の男の子がどんな毎日を過ごしているか、その背景など想像もしなかった自分の感受性の足りなさを思い知らされました。

その日は、翌日から長期休暇に入るという日でした。

先生は少年に言いました。

「先生は休みの間、学校に来る日が多いから、もし家にいるのが大変だったらここに来て勉強する？」

少年の目がパッと輝きました。

少年は休みの間中、学校に出てきて、先生の机の横で勉強をしました。分からないところは先生から教えてもらいました。

あるとき、少年がふと「今日は僕のお誕生日なんだ」と言いました。少年にとって心を開く最初の扉でした。

夕方、先生は小さい花束とケーキを持って少年の家を訪ねました。汚れた暗い部屋に、一人ぽつんと座っていた少年は、先生の姿を見て子どもらしい笑顔を見せました。

しばらくして先生が帰ろうとしたら、少年は部屋の奥から小さいビンを持ってきました。

「これ、先生にあげる」と言って差し出したビンは、ふちが蝋《ろう》で閉めてありました。

先生はそれをもらって帰り、蓋《ふた》を開けてみました。中は香水でした。お母さんが使っていた香水だったのです。きっと少年にとって唯一の宝物だったのでしょう。

先生は香水が逃げないようにまた蝋を垂らし、きちんとビンに蓋をしました。

学校が始まってからも、少年は勉強を続け、成績がどんどん伸びていきました。

そして少年が６年生になるとき、先生の転勤が決まりました。

しばらくして先生はその少年に手紙を書きました。しかし、なかなか返事が来ませんでした。何となく気にはなりながら、もうその少年とは縁が切れたような気持ちでいました。

そんなとき、一通の手紙が来ました。そこにはこう書かれてありました。

「先生のおかげで高校に入学できました。奨学金をもらえたから、とてもいい高校に行くことができました」

３年後、今度はカードが届きました。

「父はまだ大変な状態ですが、父から離れて寄宿舎に入って高校を無事に卒業することができました。卒業後は〇〇大学の医学部に進みます」と書いてありました。

先生は「もうこの子は大丈夫だ」と思いました。

そして10年近く月日が流れ、少年のことを忘れかけていた頃、一通のきれいな封書が届きました。それは結婚式の招待状でした。

「先生のおかげで僕は医師になり、すてきな人と結婚することになりました。ぜひ結婚式に来てください」

結婚式の日、先生は大事にしまっていたあのビンを出してきて、蓋を開け、底のほうに少しだけ残っていた香水をつけました。

式場へ行くと、立派な医師に成長した少年がハグをしてくれました。

かつての少年の姿が先生の脳裏によみがえり、「よくぞここまで頑張ったね」と心の底から祝福の言葉を贈りました。

彼は先生を抱きしめて、嬉しそうにこう言いました。

「あぁ、お母さんのにおいだ」

そして、「お母さんが生きてたら、お母さんに座ってもらう席でした」と言って、自分の隣の席に先生を座らせました。

（鈴木秀子「縁を生かす　1」『みやざき中央新聞』第２６１５号）より要約

奇跡のような話ですが、このような事実は確かにあります。鈴木秀子先生は紙面で「あなたが大人になったという事実は、十分愛情をもらっていた証なのです」と述べられています。

愛情が人を育てます。
その愛情が食にこもり、子どもの体と心と学力を育みます。
食には、食卓にはその力があります。

はじめに

目次
CONTENTS

PART 2

食卓で「自分でできる力」が育つ

親の最大の仕事は、
子どもに自立力を
身につけさせること。

PART 3

食卓で「学ぶ力」が育つ

生活を
大切にすること。
その生活が、
子どもの学力と
人生をつくる。

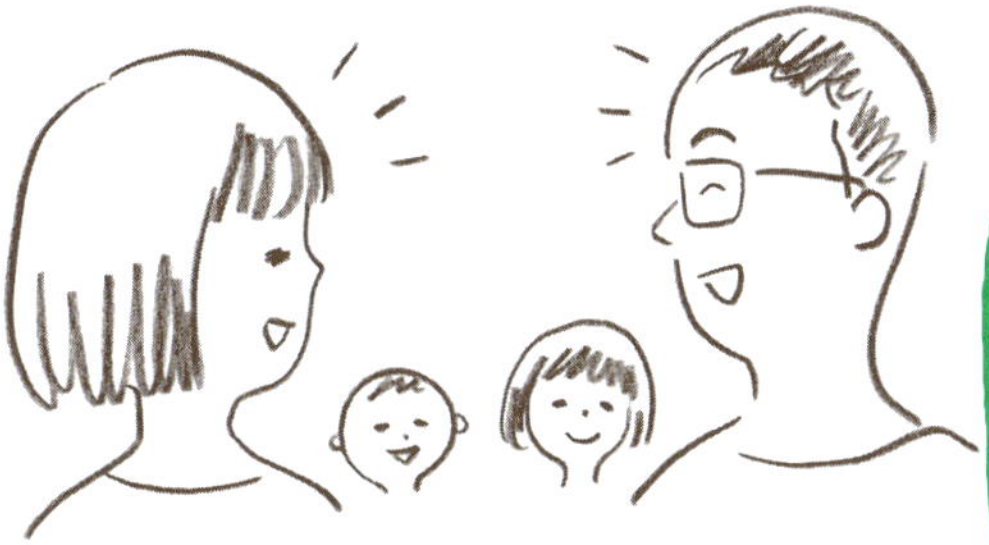

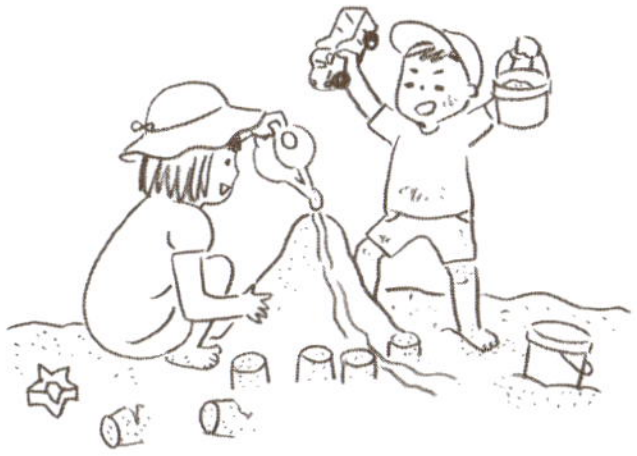

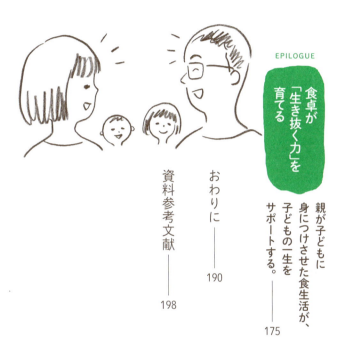

PROLOGUE

食卓はメッセージ

家族の食卓が、人生の土台になる。

親に愛されたことのない少女たち

私は、年間一〇〇回以上、全国のいろいろな場所で食育に関するお話をさせていただいています。

先日、ある女子少年院で講演をさせてもらいました。

控室で講演の準備をしていると、教官の先生にご挨拶をいただきました。

「ようこそお越しくださいました。今日は、入所者全員の女子生徒にお話をしていただきます。参考までに、ほぼ全員が少女売春経験者です。半分以上が薬物、シンナー中毒。リストカット多数、人工妊娠中絶多数。そんな女子生徒たちです。お話をよろしくお願いします」

その説明を聞いて、私は頭が真っ白になりました。少女売春、薬物・シンナー中毒、リストカット、人工妊娠中絶……。どんな女の子たちなんだろう。このような女の子たちに、どんな話をすればいいのだろう。

緊張もしてきました。

とんでもない不良やヤンキー少女たちがいて、話をしても、「キレイごと言ってんじゃねー」「大人なんか信用できるかー」などと言われて、スリッパを投げつけられたりするのではないか、などと心配になってきました。

しかし、覚悟を決めて教室に入り、講演の準備をします。

すると、廊下を一列になって、三十人くらいの女子生徒たちが教室の前までやってきました。「失礼します」と言って一人ずつ教室に入り席に座りました。黙想です。先生は何も指示しません。その礼儀正しさに驚きました。

超不良、超ツッパリのヤンキー少女たちを想像していたのですが、目の前に現れた女子生徒たちは、どこにでもいるような、いや、今どきどこにもいないほどの普通の女の子たちでした。髪は真っ黒なおさげで、服はそろいのジャージー。今どきの若者のようにダラッと着崩しておらず、ピシッと着ています。当然、ノーメイクです。たとえるなら、昭和の田舎の女の子という外見です。この子たちが女子少年院に入るほどの非行を犯したとは、とても信じられません。

そして、彼女たちは一時間の講演の間、一切私語をせず、居眠りすることもなく、隣の友達にちょっかいを出すこともなく、真剣に私の話を聞いていました。面白い話をすればケラケラ笑い、感動的なエピソードを紹介すれば涙を流し、まっすぐに私を見て、「もっと話が聞きたい」というようなまなざしです。

感動しました。彼女たちは「まじめに生きたい」と願っているし、その力もあるのです。人の話を聞いて笑える純粋な心も、感動的なエピソードに涙を流す優しい心も持っているのです。

これからの彼女たちの幸せを願い、全力でお話しして一時間の講演を終え、彼女たちが黙想している間に私は教室を後にしました。

控室に戻るとすぐ、教官の先生に疑問をぶつけました。

「なんで、あんなに素直で、まじめで、かわいい子たちが、ここに入るようなことをしたんですか?」

教官の先生の答えはシンプルでした。

「彼女たちは、親に愛されたことがないんです」

聞けば、なかにはお母さんのごはんを一度も食べたことのない女子生徒がいるそうです。親がごはんを作ってくれない家庭で育った女子生徒がいました。おなかをすかせて家に帰ってきても、ごはんが準備されていないのです。

たかがごはんと思われるかもしれません。

でも、されどごはんです。

ごはんには大切な意味があります。おなかをすかせて家に帰ってきても、ごはんが準備されていないということは、「あんたがおなかがへろうが、ひもじい思いをしようが、関心がありません。私には関係がありません」という、親からの無言のメッセージとなるのです。

親子の信頼は食事によって育まれる

人間には、空腹や飢えに対する本能的な恐怖があります。このことがよくわかるのが、赤ちゃんです。

赤ちゃんは、お母さんのおなかの中にいる間、空腹を感じる必要がありません。お母さんから、へその緒を通じて、常に水分も栄養分も酸素も供給されているからです。そんな赤ちゃんは、生まれてしばらくすると、「おなかがすいた、おんぎゃー、おんぎゃー」と泣き始めるのです。

おそらく、生まれたばかりの赤ちゃんは、右も左も、言葉も、自分が誰なのか、ここがどこなのかもわからないはずです。

けれども、生まれたばかりの赤ちゃんはおなかがすけば泣くのです。これは、空腹に対する本能的な恐怖によるものでしょう。

赤ちゃんが泣けば、ママが、場合によってはほかの誰かが駆け寄ってきて、抱っこしてくれて、おっぱいやミルクを与えてくれます。それが、二時間、三時間に一度のペースで繰り返されます。

その授乳とスキンシップの繰り返しの中で、赤ちゃんは基本的信頼を獲得します。「おなかがへっても、泣けばママは必ずどこからでも駆けつけてくれて、抱き上げてくれて、おなかを満たしてくれる。この世の中には、そんな信頼できる絶対的な存在がいるんだ」という感覚です。この「絶対的」というのは、疑問を抱く余地がないということです。

この基本的信頼は、その後の子どもの心身の発達に、重要な役割を果たします。乳幼児期の基本的信頼があるから、人を信頼できるようになります。自分を信じることができるようになります。不安を抑えることができるようになります。いつでも戻っていける安全な場所があるからこそ、外の世界を探検できるようになります。

このように、乳幼児期の母子の基本的信頼関係は、それから先の、他者との関係の基礎になります。

一方、この時期に基本的信頼を獲得できなかった子どもは、基本的不信関係に陥ります。つまり、その後、何をしても不安だという状態になります。そんな不安がベースとなる人生になります。こうして生まれた不安を基底不安と言います。

たかがごはんと思われるかもしれません。しかし、されどごはんなのです。

空腹を満たしてくれる存在が、人間関係の基礎になっているということです。

空腹を満たしてくれる存在は、絶対的に信頼できる存在となるのです。

食事は見えないメッセージ

お母さんのごはんを一度も食べたことがない女子少年院の女子生徒。

親がごはんを作ってくれない家庭で育った女子生徒。

おなかをすかせて家に帰ってきても、ごはんが準備されていない女子生徒。

それは、「あんたがおなかがへろうが、ひもじい思いをしようが、関心がありません。私には関係がありません」という、親からの無言のメッセージとなります。「あんたなんかどーだっていい」という、親からの無言のメッセージとなります。

それが一日に三回、三六五日で一〇〇〇回以上です。それが五年、十年、十五年と続きます。それだけ、「あんたなんかどーだっていい」という無言のメッセージを与えられ続けたら、「自分の命なんかどーだっていい」と思うようになるでしょう。だから、リストカットができるのです。

「自分の人生なんかどーだっていい」と思うようになるでしょう。だから、薬物だってシンナーだって使えるのです。

「自分の体なんかどーだっていい」と思うようになるでしょう。だから、売春だってできるのです。

少女売春をする彼女たちは、お金が欲しいという理由で売春を繰り返しているのではありません。

福岡新水巻病院《ふくおかしんみずまき》の白川嘉継《しらかわよしつぐ》先生（周産期センター長）は、援助交際を繰り返す女子の心理を「母親を求めようとする気持ちと母親に復讐しようとする気持ちが同居している」と説明しています。親に抱きしめられたいのに抱きしめられなかった小さな子どもが、思春期になって抱きしめられることを求めているというのです。

「子育て四訓」という教訓をある人から教えてもらいました。短いながらも、大変に感銘を受けました。

子育て四訓
一、乳児はしっかり肌を離すな
一、幼児は肌を離せ　手を離すな
一、少年は手を離せ　目を離すな
一、青年は目を離せ　心を離すな
（「社会に広めたい『子育て四訓』」『湧泉』第9号、日本時事評論社、四―七頁）

山口県に住む教育者の方が、長年の教育経験を踏まえてまとめたものだそうです。肌、手、目、心を離してはいけないのです。無関係、無関心ではいけないのです。大切なのは、日々の暮らしの中で、毎日の食卓で、「あなたのことが何よりも大切なのよ」というメッセージを子どもの心に注ぎ込むことです。食は親の愛情そのものなのです。

PART 1

食卓で「心の力」が育つ

毎日の食事を
大切にすることで、
親の愛は
子どもに伝わる。

study

1

「家族の食卓」という奇跡の幸せ

子どもと囲む食卓は期間限定

小さな子どもと毎日慌ただしくにぎやかで楽しい生活を送っていると、このような時間が永遠に続くように思いがちです。ですが、現実は違います。

親子の時間は、期間限定です。

多くの子どもは、大学や専門学校、就職を機に親元を離れます。親子には、必ず子どもが自立する日がやってきます。

むしろ、子どもはいつか、自立しなければなりません。経済的にも精神的にも社会的にも、自立しなければなりません。

十八歳で子どもが親元を離れるとすれば、小学校六年生のお子さんをお持ちのお父さん、お母さんなら、あと六年です。今まで一緒に過ごしてきた十二年間の半分しかありません。

中学校三年生のお子さんをお持ちのお父さん、お母さんなら、あと三年です。今まで一緒に過ごしてきた十五年間の五分の一しかありません。

高校三年生のお子さんをお持ちのお父さん、お母さんなら、あと二〇〇日とか、一〇〇日とか、それくらいの日数です。もしかしたら、わが子と夕食の食卓を囲むのも、人生であと二〇〇回、一〇〇回くらいしかないかもしれません。

「子どもが親元を離れても、食事くらい一緒にできる」と思われるかもしれません。確かにそうです。ですが、実際に子どもが親元を離れたら、一緒に食卓を囲む回数は激減します。

私の場合がそうです。

私は、現在、福岡県糸島《いとしま》市に住んでいます。母親は、大分県大分市に住んでいます。盆、正月、ゴールデンウィークと帰省しますが、母親の料理を食べるのは年に一〇日もありません。母親があと二十年、生きてくれたとしても、母親の料理を食べることができるのは、私の人生で、あとたった二〇〇日くらいしかないのです。

「家族の食卓」が奇跡のような幸せだと気づくとき

子どもは必ず親元を離れていきます。

私にも親元を離れる日がありました。

高校を卒業し、大学進学のために故郷の大分を離れ、福岡で一人暮らしを始めるその前日です。

しかし残念ながら、私はその日のことは全く覚えていません。

「またこの家に帰ってくる」と思っていたのです。大学で四年間勉強して教員の免許を取り、大分県で教員となり、またこの家で生活すると思っていたのです。なぜなら、自分の部屋があり、自分の机があり、本棚には大好きな漫画が並んでいます。またこの家に帰ってくると思っていたのです。ですから、その日が貴重な一日になるとは考えてもいなかったのです。

しかし、実際に時が過ぎてみると、その日からずっと私は福岡で暮らしています。福岡県糸島市に家を買ったので、大分の実家に戻って生活をすることは、もうおそらくないでしょう。

そうすると、実家での両親との「暮らし」は、あの日が最後だったということになります。当たり前のように家族で囲んだ毎日の食卓は、あの日が最後だったということになります。

そして私が二十歳のときに、父親が急に亡くなってしまいました。ですから、わが家の場合は親子で食卓を囲むことは、永遠に取り戻せなくなってしまいました。

今考えれば、どんな表情で、どんなことを話しながら、どんなふうに食卓を囲んでいたか、しっかり覚えておけばよかった、と思います。父親が、食卓で私に何を話し、何を伝えようとしてくれていたのか、しっかりと覚えておけばよかった、と思います。

でももう、それは叶わぬ願いとなってしまいました。過ぎ去った時間は二度と取り戻すことはできません。

食べてくれる人がいるという幸せ

私は毎日、妻とかわいいかわいい二人の子どもと一緒に食卓を囲んでいます。ですから、寂しさを感じることはありません。

しかし、私の母親は別です。

それまでは、かわいいかわいい息子（私）のために十八年間、ごはんを作り続けてきたのです。その息子は十八歳で実家を離れ、その二年後には大好きな夫を急に亡くしました。わずか二年のうちに、家の中から誰もいなくなり、一人になってしまいました。

それから二十二年間、自分のためだけに食事を作り続け、たった一人で食べています。誰も「いただきます」も言ってくれない、「おいしい！」の言葉もない、笑顔のない、たった一人の食卓です。それが二十二年間です。

前述のように、私は季節ごとに帰省はしていますが、年に十日程度です。子どもの運動会や発表会には、母に来てもらって孫の成長を見てもらいます。

私の中には、「一緒に暮らし、孫の成長を見守ってほしい」という思いはありますが、母には「住み慣れた大分を離れたくない。亡き夫が眠る大分を離れたくない」という気持ちがあるのでしょう。

住み慣れた家であってもきっと、寂しいことには違いありません。私の母親は、一食だけでもいいから、親子三人で食卓を囲んだ二十三年前に戻りたいと考えているはずです。でも、それは叶わぬ願いです。

お母さんたちは、毎日の食事作りは大変でしょう。

毎朝のお弁当作りは大変でしょう。

毎日、家事や育児に追われている若いお母さんは、「一人の時間が欲しい！」とよく言います。その気持ちもわかります。しかし、食べてくれる人がいるということは幸せなことなのです。

「いただきます」「おいしい！」「ごちそうさま」を言ってくれる人がいるということ、ごはんを一緒に食べて笑顔になってくれる人がいるということ、それは当たり前なのかもしれません。ですが、じつはとてもありがたいことなのです。

study

2

子どもの心に「食卓の風景」を刻む

お母さんのハンバーグ

私は九州大学大学院農学研究院で教員をしています。所属は農政経済学。聞きなれないジャンルかもしれませんが、農業・農村の問題、食料の生産から流通、消費までの問題、それらを解決するための政策や方策を研究する学問です。しかし、農政経済学の研究を重ねても、日本の農業、農村は一向によくなる気配がありません。

そこで、二〇〇六年から食育に取り組み始めました。

授業でも、「食」に関する課題を課すことがあります。教え子の岩永夏実さんが、大学一年生のときに書いた「お母さんのハンバーグ」という作文を紹介します。

記憶に残る食の思い出――「お母さんのハンバーグ」　岩永夏実

私が一番記憶に残っている食の風景といえば、明日から一人暮らしという日の晩ごはんの一場面です。

晴れて九州大学に合格し、今まで遊べなかった分まで遊びつくし、新しい生活をスタートさせるべく新しい家さがしに奮闘し……と、一カ月ほどもあった春休みは、あっという間に過ぎていきました。

志望校に合格したという自信と、初めて髪を染め、パーマをかけ、制服ではなく自分の好きな服を着ることができるのだ、というウキウキ感、「どんな部屋にしようか」「どんなサークルに入ろうか」というワクワク感ばかりが私の心の中を占めていて、毎日が楽しくて「早く大学に行きたい!!」と心から思っていました。

私は、長女だということもあってか、小さいころから、親に甘えない自立した子だ、と言われてきました。

そして、私自身も親から離れてもそんなに寂しくないし、平気だろうと思っていました。

だから、あの時は自分でも本当にビックリしたのです。

明日は私の引っ越しという日の夜。

私は、いつもどおり、お風呂に入り、テレビを見て、お母さんが晩ごはんを作ってくれるのを待っていました。

お父さんは、いつもは、もうちょっと遅く帰ってくるのですが、この日は「ナツも最後だし」ということで早く帰ってきてくれて、家族五人で食卓を囲みました。

この日のメニューはハンバーグ。

ありふれたメニューだけど、お父さんも、妹も、弟も、そして私も大好きなメニューです。

「今日は忙しかったけど、ナツが最後やけん、がんばって作った〜」と、お母さんがいつもの調子で言います。

妹は高校二年生にもなるのに、小学四年生の弟に「うちのハンバーグのほうがでかい。よかろ〜」とか言い、負けじと弟も皿を換えたりと応戦します。

そして、冷めた目で私が「ばかやない」と一言。

結局、私が、最後ということで一番でかいハンバーグをゲットし、一応の決着がつきました。

そこで、みんな揃って「いただきまーす!!」

私は、やっと食事にありつけたー、と思いながらハンバーグを一口、口に入れました。

そこで私の箸《はし》は止まりました。

しばらく止まっていました。

すると隣に座っていたお母さんが

「なん!?　ナツ泣きよると!?」と私の顔をのぞき込みました。

そう、私はこの時、泣いていたのです。

涙も鼻水も次から次に出てきて、のどが絞まるような感じがして、あれだけ好きだったハンバーグが喉《のど》を通らなくて、箸が止まっていたのです。

いつの間にか、家族の前で泣くことを、すごく恥ずかしく感じるようになっていたらしく、最初のうちはどうやって泣きやもうか、もしくはいかにばれないように泣くか考えていた私でしたが、「お母さんに気づかれたらしょうがない」と完全に箸を置いてワンワン泣きました。

お父さんがティッシュを持ってきてくれて、拭《ふ》いても意味ないと思えるくらいに出てくる涙を拭きました。

そうしていたら「寂しくて泣いてくれよると？　ナツは泣いてくれんと思っとったー。なんか嬉《うれ》しかよー、ねっ、お父さん？」とお母さんも泣きながら言い、お父さんが「そうねー」と答えます。

妹、弟は、最初はギョッとしていたようですが、空気を読んでか読まずか「あー、おいしかー」などと大声で言い合って、その場を盛り上げてくれていました。

私はといえば、しばらく泣いて落ち着いたのか、「なーんだ、私は寂しかったのか。でも、まさか泣くとはな。久しぶりにこんな泣いたなー。なんかすっきりした。あーおなかすいた」とまた食べ始めました。

おいしすぎてまた泣けてきたけど、次はもう泣きながら食べ続けました。

こんな時でさえも、しんみりせずに明るい雰囲気にしてくれた家族の愛情を、ひしひしと感じながらゆっくり食べ進めました。

そして、結局完食。

鼻をずびずびいわせながら食べてもお母さんのハンバーグはおいしかったです。

今思えばあれだけ泣かなかった私が、あのハンバーグを一口食べた瞬間、泣いてしまったのがすごく不思議です。だけど、きっとあの一口が、今までのいろんなことを思い出させる、なんらかのすごい力を持っていたのだろうと私は思っています。

そして、私は、あのぐちゃぐちゃだったであろう顔で食べたハンバーグの味を一生忘れないと思います。

と同時にあの時、さりげなくティッシュを差し出してくれたお父さん、一緒に泣いてくれたお母さん、あの場を明るくしてくれた妹、弟への愛情も一生忘れないと思います。

親の愛を食卓にのせる

この「お母さんのハンバーグ」は、私の大学の講義の宿題として課し、岩永さんから提出されたものです。

翌日から、大学進学のため親元を離れ、一人暮らしを始めるその最後の晩の食卓。お母さんのハンバーグを一口食べて、涙があふれ出た、そんなストーリーです。

夜遅くメールが届き、この作文を読みました。読んで涙が止まりませんでした。食の力を思い知らされました。

私は、この作文をきっかけに『自炊男子「人生で大切なこと」が見つかる物語』（現代書林）という小説を執筆しました。その一部が動画となりました。「お母さんのハンバーグ」というタイトルでYouTubeで公開され、現在では六万回以上も再生されています。

岩永さんは作文の中で、「きっとあの一口が、今までのいろんなことを思い出させる、なんらかのすごい力を持っていたのだろう」と書いていますが、私はそうは思いません。私は、人生の中で涙があふれ出るほどすごい力を持ったハンバーグなど、食べたことがありません。

すごいのはハンバーグではなく、彼女の心なのです。ハンバーグを一口食べただけで、涙があふれ出るほどの優しい心、親に感謝できる心、そんな心が育っていたということです。

では、どのようにしてそのような心が育まれたのでしょうか。

やはり、お父さんお母さんと、家族で囲んだ食卓で育まれたのだと思うのです。お父さんは仕事で忙しくいつもは遅く帰宅するのですが、この日は「ナツも最後だし」と言って「早く帰ってきてくれる」お父さんです。

ではこのお父さんが、最後の一日だけ早く帰ってきてくれたのかどうかです。「仕事が忙しい」と早く帰ってこないお父さんは、娘が実家で過ごす最後の一日も「仕事が忙しい」と、早く帰ってはこないでしょう。だって、仕事が忙しいのですから。「ナツが最後だし」と言って早く帰ってきてくれるお父さんは、おそらく、誕生日にも早く帰ってきてくれます。家族行事の日にも、ちゃんと帰ってきてくれます。何か、大事なことがある日には、きっと早く帰ってきてくれます。

このような親の行動が子どもたちへの見えないメッセージになります。

「確かに仕事も大事だけど、ナツの誕生日はもっと大事。だって、おまえが生まれてきてくれた日やろう？」

仕事よりもおまえが生まれてきてくれた日のほうが大事だという見えないメッセージを、毎年毎年、子どもはもらえるのです。

お母さんも同様です。「今日は忙しかったけど、ナツが最後やけん、がんばって作った〜」と言っています。忙しいときにハンバーグが食べたければ、ファミリーレストランに行けばいいのです。忙しくても、玉ねぎをしっかり炒《いた》めてひき肉と混ぜ、バターで焼いたハンバーグを手作りしてくれるお母さんなのです。

「忙しくても、あなたが食べるハンバーグには、手間暇かける価値がある」という見えないメッセージが、お母さんのハンバーグに注ぎ込まれているのです。

このようなお父さんお母さんに育てられたら、十八年間、愛情あふれる食卓を囲んだら、ハンバーグを一口食べただけで、涙があふれるほどの、優しくて、親に感謝できる心を持ったすてきな大人が育つのだと思います。

親に愛されて育った子どもは、「お父さん、お母さん、ありがとう」「お父さんとお母さんの子どもでよかった」と思いながら、親元を離れしっかりと自立していくのです。

岩永さん一家の食卓

写真提供:『西日本新聞』(2012年(平成24年)1月1日11面「食は語る」)

子どもの心に刻まれる食卓の風景

手作りの料理は愛情を伝える素晴らしいツールです。けれども、すべての人が料理好きというわけではありません。仕事で忙しいお母さんもいるでしょう。ご家庭の都合がある場合もあるでしょう。

食卓のすべてが手作り料理でなくてもいいのです。スーパーのお総菜や、のり巻きとか、いなり寿司とか、買ってきたものを活用してもいいと思います。

しかし、それにも愛情を込めることです。プラスチックトレーのままではなく、お皿に移し替えて食卓に並べる、このひと手間が愛情です。

買ってきたおかずをそのまま子どもの前に並べるのか、もらってきた割り箸をそのまま使わせるのか。それとも、子どもがいつも使っている茶碗やお皿に盛りつけ直すか、いつも子どもが使っている箸を食卓に並

自分のお皿、自分のお箸 その子に合った量

べるのか。
「多かったら残していいよ」と言って買ってきたトレーのまま食卓に並べるのか、それとも「この子には、この唐揚げは多すぎる」と思って、六個入りの唐揚げをあらかじめ四個に減らしてお皿に盛りつけ食卓に並べるのか……。

スーパーのお総菜の調理員は、その子のことなど考えません。仕事ですから、決められた分量を決められたように、一律で盛りつけていくだけです。

その子に必要な量を知っているのは、その親だけなのです。そのひと手間をかけられるかどうかです。

study

3

食事は手を抜きやすい

イギリスの精神科医、ジョン・ボウルビィ博士によって唱えられた「愛着理論」というものがあります。子どもは社会的、精神的発達を正常に行うために、少なくとも一人の養育者と親密な関係を維持しなければならず、それがなければ、子どもは社会的、心理学的な問題を抱えるようになるというものです。

ボウルビィ博士は「愛着」の発達を四段階に分けました。

・第1段階（生後12週頃まで）

赤ちゃんは誰に対しても本能的に微笑みます。赤ちゃんが微笑むと周囲の大人たちは「かわいいいね～」と言い、微笑みます。赤ちゃんが泣けば、抱っこします。赤ちゃんはおむつを替えてもらい、おっぱいをもらいます。赤ちゃんの本能的で反射的な行動が、育ててくれる人の養育行動を引き出します。

・第2段階（生後6カ月頃まで）

育ててくれる何人かの特定の人、特に母親に対して、微笑み、声を発するようになります。

・第3段階（2歳頃まで）

母親とそれ以外の人をはっきりと区別し、人見知りを始めます。母親を積極的に後追いして、しがみついたりします。子どもにとって母親は安全な基地です。母親からの一定の距離の中で安心して行動し、「冒険」に出かけます。

・第4段階（3歳前後から始まる）

子どもは身体的接触を必要としなくなります。母親が用事などで自分の近くから離れても泣かずに待てるようになります。「母親にも用事がある」とわかり、「用事が済めば絶対に戻ってきてくれる」とわかるようになります。

この四段階を経てできる特別な信頼関係が「愛着」です。それが、子どもの成長や発達に大きく影響するのです。

食事とスキンシップ（身体的接触）、そのどちらが親と子どもの信頼関係づくりにとって大事なのでしょうか？

結論から言えば、どちらも大事です。

でも、しっかりと子どもに食事は作っているのに、スキンシップが全くない親はいないはずです。子どもにしっかりと食事を作っている親は、おそらくスキンシップもしっかりしています。

けれども、スキンシップはしているけれど、食事に手を抜く親はいるかもしれません。

なぜなら、子育てで食事はいちばん手を抜きやすいからなのです。

食欲は、人間の三大欲求（食欲、性欲、集団欲）の一つです。

子どもも、大人も、生きていればエネルギーを消費するのですから自然におなかがすきます。

おなかがすけば、子どもはなんだって食べます。おなかがすけば、コンビニ弁当だって、スナック菓子だって、黙って目の前のものを食べるのです。「こんなもの食えるか！」などとハンガーストライキはしません。ですから、食事は簡単に手抜きができます。

最近の子どもたちの食生活では驚くべき現実があります。一歳児の朝食が、カップラーメンや棒状のチョコスナックという例もあるそうです。子どもを保育園に連れてきて、「これ、食べさせておいてください」と言って、子どもとコンビニで買ってきた甘味たっぷりの菓子パンを一個、置いていく親もいます。

簡単に手抜きができる食事を手抜きせずにしっかりと作っているという親は、それ以外のことも当然しっかりできているはずです。

study

4

子育ては毎日が特別な一日

私の子どもは、まだ七歳と五歳なので、「私の人生で、あと何回、この子たちと食卓を囲めるか？」と考えてもあまりピンときません。

しかし、七歳の娘とのお風呂となると話は別です。

「小学校低学年で父親とは一緒にお風呂に入らなくなった」という家庭もあります。そうすると、あとたった一年くらいしかありません。

出張などもありますので、年に三〇〇回、娘と一緒にお風呂に入るチャンスがあるとします。これが分母になります。「今日はママと一緒にお風呂に入りたい」という娘の意思もありますから、分子は、分母よりも必ず小さくなります。

とすれば、私の人生で娘とお風呂に入ることができるのは、最大でたった三〇〇回

くらいしかないのです。

父親である私にできることは、この分母を減らさないことです。それしかできないのです。

「今日は飲み会がある」という理由で帰宅が遅くなると、分母が二九九になります。ですから、飲み会になどへは行っていられません。飲み会は、娘が「パパとは一緒にお風呂に入らない」と言ってから、胸を張って行けばいいのです。

「自分の人生で、あと何回、このことができるか？」

このように自分に問いかけると、きっと、意識が変わるはずです。何が、自分にとって大切なのかがはっきりします。

つまり、**「自分の人生で、あと何回、このことができるか？」**を考えることによって、**人生における優先順位《プライオリティー》が明確になるのです。**

今しかできないことは何か。自分が今、本当に大切にしたいものは何か。このことがわかるわけです。

人生の優先順位がはっきりすると、一日一日が大切になります。一食一食が大切になります。

この親の思いは子どもに伝わります。

子どもは親の愛を敏感に感じ取るものです。

子どもとの一日一日を、一食一食を大切にすることが、「あなたのことが大切だ」という見えないメッセージとなります。

毎日の食卓で、見えないメッセージがシャワーのように注がれます。食卓で子どもの心に親の愛情がためられていくのです。

時間はつくるものです。
愛情は与えるものです。
親子で交わす会話が
子どもの心を育むのです。

study

5

お金に愛情の代わりをさせない

毎日の食卓で、見えないメッセージがシャワーのように注がれて、子どもの心の中に「愛情をためる器」が形成されます。「愛情をためる器」は一朝一夕にはできません。「子どもが作る『弁当の日』」の創始者である竹下和男《たけしたかずお》先生はこのように説明しています。

——小さな子どもには「愛情をためる器」がまだ形成されていませんから、家族が注いでくれた愛情は、ザルの目を水がすり抜けるように、子どもの心をすり抜けてしまうのです。心地よく感じる「愛情」をためることができないから、心地よく感じるためにくり返したくなるのです。

この網の目は「愛情」がすり抜ける刺激で塞がるしくみになっています。条件反射のようなものです。「愛情」を注いでもらわなければ網の目は大きなままで、いつまでも塞がらずザルのままです。同じことをくり返し要求してくる子どもは「愛情」をもらさない器が形成されている手応えを、無意識のうちに感じています。網の目がふさがってしまうと器は愛情で満ち溢れます。「愛情をためる器」ができ、「愛情」で満たされると、子どものほうから「もう一回」を言わなくなります。

（竹下和男／香川県高松市立国分寺中学校『台所に立つ子どもたち』自然食通信社、一六五頁）

これが子どもの心を育むということです。

では、子どもはどうやって愛情を感じ取るのでしょう？　何から愛情を感じ取るのでしょう？

極端な例を考えてみましょう。夕食は毎晩、高級料亭やホテルの高級レストラン。そのような家族がいるとします。子どもは食事に愛情を感じるでしょうか。

お父さん、お母さんはこう思っているかもしれません。

「子どもには一流の味を知ってほしい。一流レストランで毎日食事ができるのは、私たち親が一生懸命に働いたからだ。子どもを育てるために働き、お金を稼いだからだ。だから、そのディナーには私たちの愛情がたっぷり詰まっている」

果たして本当にそうでしょうか。

日本のお父さん、お母さんは、育児、子どもへの教育に対してたくさんお金を費やしています。服も、お菓子も、ジュースも、おもちゃもゲームも、十分に買い与えます。レストランにも行くし、遊園地にも連れていきます。塾にも、習い事にも、スポーツクラブにも行かせます。当然、お小遣いも与えています。

つまり、日本の親は、子どもに十分にお金を費やしています。それだけ子どもに対して、愛情を持っているのです。

しかし、そのような親を子どもが尊敬しているかどうかは疑問です。

あるシンポジウムで、福岡教育大学名誉教授の横山正幸《よこやままさゆき》先生（発達心理学）からこんなお話を聞きました。

「『お父さん、お母さんの愛情がそれをしてくれている』のではなくて、子どもの中で、『お金がそれをしてくれている』に置き換えられる」

親の愛情は、お金をかけるだけでは子どもに伝わりません。お金というフィルターがあると、愛情は子どもに届かないのです。

では、どうしたら親の愛情が子どもに届くのでしょうか。

私は手間と時間をかけることだと思います。

ファミリーレストランで食べるハンバーグと、お母さんが手作りしたハンバーグでは、同じハンバーグだとしても、全く意味が違うのです。

一食一食を大切にするということは、手間と時間をかけるということです。時間とは言ってみれば命です。お父さんとお母さんの命です。

お母さんが今晩のごはんを作るのに二時間かけたとしたら、晩ごはんにはお母さんの二時間分の命が込められています。

料理を作っている間は、食べてくれる子どもや家族のことを考えて、時間と手間を費やします。それは、とても優しい時間です。私たち親は、意識して一日一日を、そして一食一食を大切にしなければなりません。

お金は大切ですが、子育てではお金で計れないものこそ大切にしなければならないのだと思います。

study

6

荒れた食事が心を荒らす

最近、青少年の痛ましい事件が増えています。ジャーナリストの郡司和夫氏が凶悪少年犯罪と食生活との因果関係について指摘していました。

――「中央公論」(中央公論新社／00年10月号)の記事『17歳少年は何を食べてきたか』において、少年犯罪と食のルポを掲載したが、「宇都宮会社員リンチ殺人事件」で、無期懲役となった17歳少年(当時)の母親は「夕飯だけでもしっかり食べさせてやっていれば、こんな事件は絶対に起こさなかったはずです」と、涙ながらに語っていたのを鮮明に憶えている。

(郡司和夫「凶悪少年犯罪、親の料理を食べる習慣の少なさと因果関係か　偏食や一人夕食も　警察調査」)

『Business Journal（ビジネスジャーナル）』（2015年3月6日）〈http://biz-journal.jp/2015/03/post_9155.html〉（二〇一六年三月二日閲覧）

このように凶悪少年犯の母親自身が、「犯罪と食」についての因果関係を自覚し、話しているのです。それだけではありません。同記事には次のようにも書かれています。

「少年犯罪と食」の関係については、以前から警察でも大きな関心を抱いている。98年に茨城県警、02年に群馬県警から少年犯罪と食についての調査報告が発表されている。県内で検挙・補導された中学生・高校生とほぼ同数の一般の中高生との食生活を比較したものであるが、両県警の調査結果はほぼ同じとなっている。「朝食を一人で食べる」「家以外で朝食を食べる」「夕食を一人で食べる」「家族で鍋を囲むことがない」というのが、非行少年、特に粗暴犯の大きな特徴である。また、間食では非行少年のほうがジュース類を一般少年らより多く飲んでいる。食事の好き嫌いをみると、非行少年は果物、牛乳、おひたし、ごまあえ、ご飯、野菜、味噌汁、魚の煮物が嫌いな子が多い。朝からカップ麺を食べるという子も非行少年には何人かいた。

茨城県警察本部少年課では「食事を親に作ってもらい、それを食するという習慣の乏しさは、非行と関係することがうかがえる」と、考察している。

（郡司和夫「凶悪少年犯罪、親の料理を食べる習慣の少なさと因果関係か　偏食や一人夕食も　警察調査」前掲記事）

非行少年が嫌いな食事は家庭料理ばかりです。つまり、自宅で、家族で、食卓を囲んでいなかったということです。親の愛情のこもった食事をしてこなかったということです。

家族で食卓を囲み、家庭料理を食べることが、いかに大事かということがこの記事からも読み取れます。

複雑な家庭環境のために、家庭がありながら家でごはんが食べられない子どもたち、親がごはんを作らない子どもたちがいます。

広島に、「ばっちゃん」と非行少年たちに慕われる一人の女性がいます。

八十一歳になる中本忠子《なかもとちかこ》さんは、自宅を開放して、子どもたちに食事を振る舞い続けてきたのだそうです。保護司として活動するなかで、空腹が子どもを非行に走らせる大きな要因だと気づいたというのです。中本さんはこう言います。

「帰るところがない。故郷がない。だから、人の愛に飢えている」

少年たちに食事を振る舞い、話をじっくり聞く。そこから、多くの子どもたちが立ち直っていくのだそうです。

中本さんのような行動はなかなかできるものではありません。ですが、中本さんの行動から、たとえ家族ではなくても**温かい手料理、安心できる食卓が子どもたちには大切**なのだと私たちは学ぶことができます。

ジョン・ボウルビィ博士の言葉を借りると「乳幼児と母親（あるいは母親代理者）との人間関係が、親密で、継続的で、しかも両者が満足と、よろこびに満たされているような状態が、精神衛生の根本である」（黒田実郎・大羽蓁・岡田洋子訳「はしがき」『母子関係の理論　I愛着行動』岩崎学術出版社）ということです。

子どもたちと愛のある食卓を囲みましょう。

温かい食卓が子どもたちの心を安定させ、心の土台を形成します。

study

7

食材本来の味を大切にする

人間の舌の表面には味蕾《みらい》があり、その中の味細胞が味を感知します。そこで感じた味を脳の味覚野に伝えます。

食育スペシャリストの、とけいじ千絵さんが子どもの味覚について話されている記事を読みました。

赤ちゃんの味蕾は、お母さんのおなかにいる妊娠7週目くらいにでき始め、14週くらいには大人とほぼ同じ構造になり、その後は生後3カ月くらいまで増え続けます。味蕾は刺激物や喫煙などで摩耗するため、成人男性では約7000個、高齢男性では約3000個ですが、生まれたばかりの赤ちゃんには何と1万個もあります。生後3カ月でピークを迎える味蕾ですが、5カ月くらいになると味蕾細胞の数はそのままで、味覚だけが鈍感になってきます。この時期がちょうど人間の離乳食開始時期と重なるわけですね。

（「3歳までが勝負　子どもの味覚の育て方」『「DUALプレミアム」NIKKEI STYLE』、2015年7月30日〈http://style.nikkei.com/article/DGXMZO89377000W5A710C1000000?channel=DF260120166497&style=1〉（二〇一六年二月一五日閲覧））

「子どもの味覚のピークは生後すぐ　5カ月過ぎから鈍感になっていく」というのです。つまり、大人よりも子どものほうが味覚に敏感だと言えます。味覚に敏感なだけでなく、食べることの経験も少ないわけですから、子どもが好き嫌いをしてしまうのは仕方がないことなのかもしれません。しかし同時に、食べ物本来の味を覚えるのに適した時期でもあるのです。

出汁《だし》は料理の基本です。子どもにとっては、素材本来の味を覚える食育にもなります。なんの料理にも合いますし、昆布や野菜で出汁を取れば薄味でも十分においしいです。みそ汁やスープ、お吸い物などは出汁の味がよくわかります。

親が食材や味にこだわらず、おろそかにすると、子どもは食べなくなります。それほど子どもの味覚は敏感です。

わが家の子どもたちも、みそ汁のみそを替えただけでも食べなくなったりします。糸島の直売所で買った新鮮なトマトは大好きなのに、スーパーで買ったトマトは食べないことがあります。

東京医科歯科大学の植野《うえの》正之《まさゆき》准教授が、埼玉県内の小学一年生から中学三年生までの三四九人を対象に「甘み」「苦み」「酸味」「塩味」など基本となる4つの味覚を認識できるかどうかの調査を行ったというニュースを見ました。*その結果、いずれかの味覚を正しく認識できなかった子どもは全体の31%に上るという実態が明らかになったそうです。

インスタント食品や加工食品など、化学調味料のたくさん入った食べ物や、甘味たっぷりの味の濃い食べ物などをたくさん与えていると、子どもの味覚はそれに慣れてしまいます。

子ども時代の食習慣が一生の食習慣を決める。そういってもいいほど、大切な時期なのです。

＊「子どもの味覚〝正しく認識できず〟」『NHKニュースウォッチ9』（二〇一四年一〇月二〇日（月）放送）〈http://archive.is/jBPO6〉

study

8

おやつルールをつくる

スナック菓子には塩味・甘味・うま味がたくさん入っています。塩味・甘味・酸味・苦味の四つの味にうま味を加えた五原味のうち、塩味・甘味・うま味は、人間が本能的に好む味です。

塩味は食塩（塩化ナトリウム）のしょっぱい味で、ナトリウムは人間が生きていくために重要なミネラルです。

甘味はあまい味で、糖質は砂糖、穀類、いも類などに多く含まれる成分で、身体活動のエネルギー源となるものです。特に脳は多くのエネルギーを必要とします。脳の大切なエネルギー源はブドウ糖です。

うま味はアミノ酸の味です。アミノ酸はタンパク質の主な構成成分です。体をつくるタンパク質を示す味です。

さらに人は油が好きです。油は高カロリーです。飢えとの闘いという人類の歴史があり、高カロリーの油をおいしく感じさせるようになったのでしょう。

ですから、子どもたちはスナック菓子もチョコレート菓子も清涼飲料水も大好きです。大人でもおいしく感じます。当たり前です。売れるように、おいしく感じるように作っているのですから。

最近は糖分控えめのものもありますが、例えば、ある甘い炭酸飲料水500㎖に含まれている糖分は、3gのスティックシュガーで二〇本分くらいもあるというのです。それを飲めば、血糖値が一気に上がります。血糖値が上がると、脳の視床下部にある満腹中枢が刺激されて、「おなかいっぱい」と感じます。甘い清涼飲料水を飲んで、血糖値が上がっている状態で、ごはんをおいしく食べることができるわけがありません。

みなさんは、スナック菓子の栄養成分表示を見たことがありますか。袋の後ろに書かれています。あるメーカーのあるスナック菓子の栄養成分表示を見てみましょう。1袋58gあたり、エネルギー321キロカロリー、炭水化物32・1g、脂質20・0g、たんぱく質3・0g、ナトリウム296㎎となっています。

58gのうち、20gが脂質です。脂質含量は約34％です。ちなみに、マグロ（脂身）の脂質含量は27・5％、輸入牛サーロインは23・7％、うなぎは21％。スナック菓子の脂質含量は、マグロや輸入牛サーロイン、うなぎなどよりも高いのです。このような油たっぷりのスナック菓子を間食し、そのあとに白いご飯を「おいし～」と感じるはずがありません。脳は強い刺激に慣れるのです。

ビュッフェなどの食べ放題に行くと、その家庭の食習慣がよくわかります。数種類のケーキやゼリー、アイスクリーム、シャーベット、季節のフルーツなど盛りだくさんのデザートが並んでいる場合があります。子どもにとってはとても魅力的な風景です。

周りのテーブルを見ると、子どもがごはんを食べる前にいきなりケーキやフルーツをお皿に取って食べている場合があります。しかも、食べ放題です。その子が、甘いものを食べたあとでごはんをしっかり食べるかといえば、そのようなことはありません。甘いものを食べ続けておなかがいっぱいになったら、すぐに遊び始めます。

わが家ではデザートは必ず食後、ごはんを食べ残したらおやつはなしと決めています。**おやつルールを決めて、子どもがしっかりごはんを食べられる習慣をつくりましょう。**

ルール1
ごはんの前に
おやつをたべない
スナック
スナック
CHOCO
チョコ
ドーナッツ
ルール2
デザートは
ごはんのあとで
フルーツ
おまんじゅう
焼きイモ
もぐもぐ
おいしいね

study

9

食事のときはゲームやおもちゃをしまう

食事のときは
ゲームやスマホは
お休みなさーい！

ゲームやおもちゃなど、食事よりもっと楽しいものが身の回りにあると、子どもは食事に集中しません。

ショッピングセンターのフードコートの隣には、子どもが遊ぶプレイコーナーが併設されていることがよくあります。子どもたちはほとんど食事はせず、プレイコーナーで遊んでいます。親からすれば、子どもが遊んでいてくれれば、自分たちがゆっくり食事ができて助かるということなのでしょう。

物事の優先順位をまだ判断できない子どもは、遊びを優先させてしまいます。

家庭でも同じです。ゲームやおもちゃなど、楽しいものが身の回りにあれば、早く食事を終えて、それを手に取りたい気になるでしょう。

食事の前には、ゲームやおもちゃなどを片づける習慣をつけましょう。

そして、子どもは親を見ています。子どもには食事前に遊び道具を片づけるように言っておいて、親はスマートフォンを見ながら食事をしていたら、子どもは納得できません。

親も食事中にスマートフォンなどを見るのはやめましょう。

study

10

食卓で夫婦げんかをしない

子どもの前で夫婦げんかをしたことはありますか。

私も結婚しているのでわかります。やめろといっても、やめられないのが夫婦げんかです。生まれも育ちも、価値観も違う二人なのですから、摩擦や衝突が起きるのは当たり前です。ましてや、二人で子どもを一緒に育てるのです。けんかになるのは当然です。

しかし、**子どもの前で絶対にしてはいけないこと、それは夫婦げんかです。**

夫婦げんかをしてしまうのは仕方がないです。大切なのは、子どもの前ではしないことです。

夫婦げんかやＤＶ（ドメスティック・バイオレンス）、つまり夫婦間のトラブルを子どもが目撃すると、それが成長後もさまざまな形で子どもの心に影響を与えるということが、心理学や脳科学の研究などで報告されています。

ささいな口論などもよくないようです。

国内・海外ニュースサイト『ＩＲＯＲＩＯ（イロリオ）』に、「子どもの前で夫婦げんかはＮＧ　脳の発達に悪影響を及ぼす可能性あり」という記事がありました。[**]

英国イースト・アングリア大学とケンブリッジ大学の研究者が、十七歳から十九歳の少年少女五十八人の脳をスキャンし、さらに彼らの親たちに、子どもが生まれてから十一歳になるまでの間に味わったであろう嫌な体験や試練を思い出してもらい、脳の発達との関連を調べたそうです。

嫌な体験や試練とは、「両親（夫婦）が子どもの前でささいな口論をする」「両親の仲が悪い（緊張関係にある）」「親に傷つくようなことを言われた」「家族同士のコミュニケーションがない」「愛情が欠けている」といったようなことです。

五十八人中二十七人はこのような試練を体験しており、脳の画像を確認したところ、小脳が小さめであることがわかったそうです。小脳の働きは運動の制御、技能の学習、ストレスの制御等といわれています。この研究では軽度の試練でも、十一歳ごろまでにそのような体験をすると、脳の発達に影響が出る可能性がある、という結果を発表しています。

夫婦の大げんかはもちろん、些細《ささい》なけんかでも子どもの脳に影響を与えてしまうのです。

子どもは、いつも親を見ています。
親は、いつも子どもに見られています。

子どものやわらかい頭には親の言動が大きな影響を与えます。

子どもの前では、絶対に夫婦げんかはやめましょう。常に太陽のように子どもを温かく照らしてあげましょう。

どうしてもけんかになってしまうときは、子どもの見ていないところでするように努めてください。

＊＊「子どもの前で夫婦げんかはNG　脳の発達に悪影響を及ぼす可能性あり」『IRORIO』（2014年2月22日）〈http://irorio.jp/kondotatsuya/20140222/114661/〉（二〇一六年三月九日閲覧）

親は
子どもに
見られて
います

仲の良い
ところを
たくさん
見せられ
るように

PART 2

食卓で「自分でできる力」が育つ

親の最大の仕事は、
子どもに自立力を
身につけさせること。

study

11

食卓で子どもと話す

子どもは食卓を囲む時間が大好きです。

子どもは食べることも好きですが、なによりも親が大好きです。親との会話は子どもにとって、とても楽しい時間なのです。

子どもを育てるには、親子の会話はとても大切です。

会話をすることが学ぶ力の基礎をつくります。その基礎とは言語能力です。言語の能力は「聞く力」「話す力」「読む力」「書く力」の総合力です。

私たちは考えるときも、何かを人に伝えるときも、感動したときも、言葉を使っています。つまり、すべては言語能力が基礎となっているのです。

そして、言語能力の基礎は語彙《ごい》力です。語彙とは「一つの言語の、あるいはその中の特定の範囲についての、単語の総体」（『広辞苑』）とあります。日本語の語彙、民族語彙、親族語彙など特定の条件で用いられる言葉のことをいいます。

小学校に入学するときの子どもの語彙数は、普通の子どもで三〇〇〇語、遅れている子どもで一五〇〇語、よくできる子どもで六〇〇〇語程度で、成績と語彙数は見事に比例するといわれています。

『図説日本語　グラフで見ることばの姿』（宮島達夫他編、角川書店）によれば、語彙数は、小学生で五〇〇〇～二万語、中学生で二万～四万語、高校生で四万～四万五〇〇〇語、大学生で四万五〇〇〇～五万語といわれているそうです。

日本人の大人と日本語でスムーズにコミュニケーションできる語彙数は、三万五〇〇〇語という説もあります。

このように、子どもの能力の発達と語彙数は密接な関係にあります。

小学校入学前の子どもの言語能力を高め、語彙数を増やすのは、「読み聞かせ」と「親子の会話」です。教育テレビや知育ビデオを見せ続けても、子どもの言語能力は高まりません。

子どもが初めてしゃべれるようになったときのことを思い出してみてください。

母　「パパよ。パ、パ」
子ども「……ぱ……ぱ……」
母　「そう！　パ・パ！」
子ども「……ぱ、ぱ」
母　「パパよ、パパ！」
子ども「ぱぱ」

子どもは親と会話しながら言葉を覚えていきます。テレビから一方的に「私はパパです」「私はパパです」と言い聞かされても、意味がわからなければ覚えられないし、語彙力にはつながらないでしょう。

ですから、言葉がわからない赤ちゃんのときから、親が読み聞かせをすることです。読み聞かせは赤ちゃんが言語を獲得するために、とても効果的です。

そして話せるようになったら、親子で会話をしましょう。親子で交わされる会話の量と質が、子どもの言語能力を決めていきます。

知ってる魚の名前を言ってごらん
キビナゴ!!
タイ、アジ……

まず第一に意識していただきたいのは会話の量です。

会話の量とは、会話の時間です。

親子の会話の時間は、長ければ長いに越したことはありません。

親子の会話の量が、子どもの自己肯定感にも影響します。

親に対しての愛着が生まれ、「自分は大切な存在だ」という安心感につながっていきます。

study

12

子どもにはすてきな言葉で語りかける

子どもと会話をするときに、親がどんな言葉を使っているのかが大切です。

美しくても、おいしくても、楽しくても、まずくても、気持ち悪くても、なんでもすべて「ヤバイ、ヤバイ、ヤバイ」という言葉を使う親の子どもは、やはり何を見ても「ヤバイ、ヤバイ」で済ませてしまうでしょう。おいしいスイカを食べても「ヤバイ」、美しい夕焼けを見ても「ヤバイ」、青々とした田んぼを見ても「ヤバイ」、黄金色の田んぼを見ても「ヤバイ」……。これでは、語彙が増えるわけがありません。

さらに重要なのは、使っている言葉が考えることや生き方までをも決める、ということなのです。「ウザい」「ムカつく」「きもい」などという言葉を連呼していれば、そのように考える人間になり、そのように生きる人生になります。

ある日、わが家にショッキングな出来事が起こりました。

当時三歳の長女が「めんどくさ〜」と言ったのです。「えっ!?」と私は慌てて娘を見てしまいました。

私も妻も「面倒くさい」という言葉は口にしないのです。ですから、長女には「面倒くさい」という言葉も、概念もなかったはずです。

おそらく、幼稚園のお友達の影響でしょう。いつかは覚える言葉、いつかは身につける概念です。ですが、そのような言葉を口にしない人生はあります。口にしなくていい人生はあります。

パパである私がそうやって生きています。妻もそうです。そんな二人の間に育っている長女が意味もわからず「めんどくさ〜」と言いました。本当にショックでした。「めんどくさ〜」と連呼していれば、そのような毎日になります。そのような人生になります。当然ですが、娘には「めんどくさ〜」と言わないように注意しました。

幼稚園の三歳のお友達が、平気で「めんどくさ〜」という言葉を使っているのもショックです。おそらく、そのおうちでは親が子どもの前で、平気で「めんどくさ〜」と言っているのでしょう。

親は子どもに、すてきな言葉を贈らなければなりません。すてきな概念を贈らなければなりません。

親が使っている言葉が、子どもの人生をつくります。

さらに注意すべきことがあります。親が「風呂」「メシ」「寝る」といった単語会話をしていると、子どもの言語能力は伸びません。

私は「パパは今から、大学にお仕事に行ってくるからね」「パパは、今日の夕方にセミナーがあるから、帰ってくるのは、夜の八時くらいになるよ。だから、お布団に入ってお休みして待っていてね」と、主語、述語、接続詞を意識して子どもたちに話すようにしています。

子どもに、言語能力、理論的思考力を身につけさせるには、主語、述語、接続詞がしっかりとした会話が必要なのです。

子どもに問いかけること。
子どもの話をしっかりと聞くこと。
子どもだからといって、簡単な単語ばかりを使わないこと。

「それって、どういう意味？」と聞かれたときに、子どもにもわかる言葉で説明すること。

旬の食材を使った料理を親子で食べながら、どんな味がするか、どんなふうに見えるか、どんな食感がするかなどを話してみるのもいいですね。

「お隣の吉村さんの作ったブロッコリーは新鮮で、歯ごたえがあって、甘いよね」

「このフキの煮物はおいしいね。春の味がするよね」

そのとき、子どもから「春の味ってどんな味？」と聞かれるかもしれません。できるだけ、子どもにわかる言葉で説明してみましょう。感覚的な言葉でもよいのです。言葉の種をまいておくことが大切です。

こうして、日々の親子の会話の中で、子どもの言語能力は伸びていきます。

毎日の食卓で親子の会話をしましょう。

言葉の力をぐんぐん伸ばすことができます。

study

13

食事中はテレビを消す

忙しいときや疲れているとき、子どもがまとわりついてくると母親は大変です。家事ができません。

そんなとき、頼りになるのがテレビやビデオです。つい、つけてしまう家庭も多いでしょう。子どもは動くものが本能的に好きなので、テレビをつけると見ます。言葉がまだわからない子どもでも、じっとテレビを見ます。

問題は、テレビに子守をさせると子どもの発語が遅くなる、ということです。たとえそれがNHK教育テレビでも、知育ビデオでも同じです。

「日本小児科学会が緊急提言『乳幼児のテレビ・ビデオ長時間視聴は危険です』」という記事を読みました。

日本小児科学会はこのほど、「乳幼児のテレビ・ビデオ長時間視聴は危険です」と題する緊急提言を行った。同学会こどもの生活環境改善委員会が実施した調査の結果、1．長時間視聴は1歳6カ月時点の意味のある言葉（有意語）の出現の遅れと関係がある、2．特に日常やテレビ視聴時に親子の会話が少ない家庭の長時間視聴児で有意語出現が遅れる率が高い、3．このようなテレビの影響にほとんどの親が気づいていない——などが明らかになったためだ。

（中略）

視聴時間別に運動、社会性、言語の発達状況を調べたところ、1日4時間以上の子ども（長時間視聴児）で、4時間未満の子どもに比べ有意語出現の遅れの割合が1・3倍という高率で見られた。

また、子どもの近くでテレビが8時間以上ついている家庭（長時間視聴家庭）で4時間以上視聴している子どもと、子どもの近くでテレビが8時間未満ついている家庭（短時間視聴家庭）で4時間未満視聴している子どもを比べたところ、有意語出現の遅れの率は、前者が後者の2倍と高かった。

（「日本小児科学会が緊急提言　『乳幼児のテレビ・ビデオ長時間視聴は危険です』」『日経メディカルＯｎｌｉｎｅ』（２００４年４月８日）〈http://medical.nikkeibp.co.jp/inc/all/hotnews/archives/300721.html〉（二〇一六年三月九日閲覧））

この調査結果は、予想どおりのものです。子どもは、話しかけられたり話したりしながら、言葉を身につけていきます。テレビは一方的で、そこにコミュニケーションはありません。

さらに、テレビを見ているときには、寝返りやおすわり、ハイハイやあんよなどの練習もできないのです。話しかけることも、笑いかけることもできません。

子どもに身につけてほしい力は、テレビを見ながらでは身につかないのです。大きくなってからのゲームやスマートフォン、インターネットでも同様でしょう。

食卓で子どもがテレビに集中すれば、食べる手が止まります。そのうちに、満腹中枢が刺激されておなかがいっぱいになって、食べなくなります。

テレビはつけないほうがいいです。少なくとも、**食事中はテレビを消す習慣をつけましょう。**

子どもに身につけてほしい力は
メディア漬けでは身につかない

study

14

食事の時間を決める

朝食の時間、夕食の時間は各家庭によってさまざまでしょう。しかし、**決まった時間に食事をとることは子どもにとって大切です。**「もう少しでごはん」と、食事を待ちわびることができるようになります。

食事の時間が不規則だと、食事を待ちわびることがなくなります。おなかがすいているのにいつ食事なのかわからなければ、おやつなどの間食を食べてしまいます。間食が増えれば、食事のときにはおなかがいっぱいで、ごはんを食べなくなります。

食事の時間を決めると、もう一つ良い点があります。

一定のリズムで生活している家庭に育った子どもは、教えなくても時計が読めるようになります。

そして、**子どもが育つ部屋に置く時計は、必ずアナログにしましょう。**

アナログ時計のメリットは、絵的に時間をとらえることができる、ということです。また、時間を量で感じられるようになります。

具体的に言えば、デジタル時計だと、「残りの時間」「経過した時間」を頭の中で引き算しなければなりません。一方、アナログ時計だと、見た瞬間に理解できます。

こうして子どもたちの時間感覚が身についていきます。

study

15

子どもに期待する

子どもの力を伸ばすには、子どもに期待しましょう。親は期待を込めたまなざしを子どもに向けましょう。

人は期待に応じた結果を出す傾向があります。みなさんもこの「ピグマリオン効果」について、聞いたことがあるかと思います。米国の心理学者、ロバート・ローゼンタールが提唱したものです。サウスサンフランシスコの小学校での二年に及ぶ研究をまとめ、一九六八年に発売された『教室の中のピグマリオン（Pygmalion in the Classroom）』で注目されるようになりました。科学ジャーナリスト、クリス・バーディック氏の著作『「期待」の科学　悪い予感はなぜ当たるのか』（クリス・バーディック著、夏目大訳、阪急コミュニケーションズ）に次のような研究内容が書かれていいます。要約して紹介しましょう。

一九六四年の春、サウスサンフランシスコの小学校で、「ハーバード式突発性学習能力テスト」と称するテストが行われました。先生たちには、近いうちに急激に成績が上がる生徒を見つけられるテストだと伝えたそうです。しかし本当は、普通の知能テストでした。

テスト後、テストで取った点数とは関係なく、無作為に選んだ生徒の名前を先生たちに「急激に成績が上がりそうな生徒」と伝えました。その後二年間にわたり追跡調査したところ、先生が「この子は成績が伸びるはず」と信じて教えた生徒は実際に成績が伸びた、ということなのです。この現象は「ピグマリオン効果」と名づけられました。

なぜこのようなことが起きるのでしょう。

人が最もうれしいのは認められたときです。ほめられて期待されることで、子どもたちの力はどんどん伸びます。

ほめられると子どもたちは承認されたという喜びを感じます。そして、もっとその喜びを感じたくなるのです。子どもたちは期待を込めたまなざしを感じると、その期待に応えようとします。ですから、自分から伸びようとするのです。

この「ピグマリオン効果」を上手に活用すれば、子どもたちの力を引き出すことができます。子どもたちに感謝の気持ちを伝え、期待しましょう。

相手をほめるミーティングをピグマリオンミーティングと言います。社員教育などでもよく使われています。何分間か時間を決めておいて、参加者の長所や良いところを見つけてとことんほめ合います。ほめられることで自信がつき、自主型社員が育ちます。

家族が一緒になる食卓は、チャンスでいっぱいです。能力開発の魔術師、西田文郎《にしだふみお》氏は家庭でもピグマリオンミーティングにチャレンジするとよいと述べています。

子どもが大きくなってからでは難しいが、小さいうちなら大喜びで参加する。
大人にはとても発想できないような、素晴らしいホメ言葉を連発するはずだ。
（西田文郎『面白いほど成功するツキの大原則』現代書林、一九一頁）

「えらい！」ではなく、事実を認め、
感謝を伝えましょう
○○を
がんばったね
○○ちゃんの
笑顔は
サイコー♡
パパは
もの知り！
ママの
ごはんは
おいしい！

このピグマリオンミーティングを家族で行うと、子どもだけでなく親も成長できます。

子どもにほめられたとおりの父親、母親になろうとしている自分に気づくはずです。

子どもだけでなく、家族全員で、ワクワクと成長できるはずです。

親が期待したとおりに子どもは育つのです。

study

16

子どもにお手伝いをさせる

長女が六歳のときのことです。「お昼ごはん、何が食べたい？」と聞くと、娘が「お好み焼き～」と答えました。

「じゃあ、一緒に作ろう！」

私は娘に、お好み焼きの作り方を教えました。お好み焼きをひっくり返す以外は、すべて、娘が自分でやりました。

キャベツの千切りもわけぎのみじん切りも一人でやりました。危なっかしい部分はありながらも見事でした。

子どもは親のお手伝いをしながら学んでいきます。

お手伝いで家事の力が身につきます。家事ができることは、子どもが自立して、将来、家庭を築くための必要条件です。お手伝いはそのトレーニングです。

それだけではありません。手順を上手にできること、責任を持つこと、問題を解決すること、間違いを正すこと、自分のことは自分でできるようになることなど、多くの力も身につきます。

さらに、発想力やイメージ力が鍛えられます。これらは、大人になって社会人として本当に求められる力です。机の上の勉強では身につきません。

国は、平成十八年度から青少年の自然体験、生活体験、生活習慣の実態や自立に関する意識などについて全国規模の調査を行っています。平成二十四年度はしつけなどについての詳細な調査を行いました。その報告書にとても興味深い結果がありました。「お手伝いを多くしている小中学生（小4、小6、中2）ほど、道徳観・正義感が高い傾向にある。また、その傾向は、平成10年、平成17年、平成21年と同様である」というのです***。

また東京都（東京都教育委員会）が独自に行った「児童・生徒の学力向上を図るための調査」（平成24年度）というものがあります。都内公立小学校第五学年と公立中学校第二学年のすべての児童・生徒を対象として調査を行ったものです。

この調査では、小学校第五学年の児童に「学習に対する意識調査」を行っています。そこでは興味深い結果が見られます。「『家の手伝いや地域の役に立つことをしていますか。』について、『続けてしている』『ときどきしている』と回答した児童の平均正答率は、『1、2度したことはある』『まったくしたことがない』と回答した児童の平均正答率よりも高くなっている」というのです。****

つまり、お手伝いをする子どもほど、心も頭も賢く育つといえるのです。

子どもは、お手伝いで学びます。

子どもは、お手伝いでできることが増えていきます。

***『「青少年の体験活動等に関する実態調査」（平成24年度調査）報告書』国立青少年教育振興機構、三〇頁

****東京都教育委員会ホームページ「平成24年度『児童・生徒の学力向上を図るための調査』の結果について」教育庁〈http://www.kyoiku.metro.tokyo.jp/press/pr121122.htm〉（二〇一六年三月四日閲覧）

お手伝いをしている子（小４、小６、中２）ほど道徳観・正義感が高い傾向にある

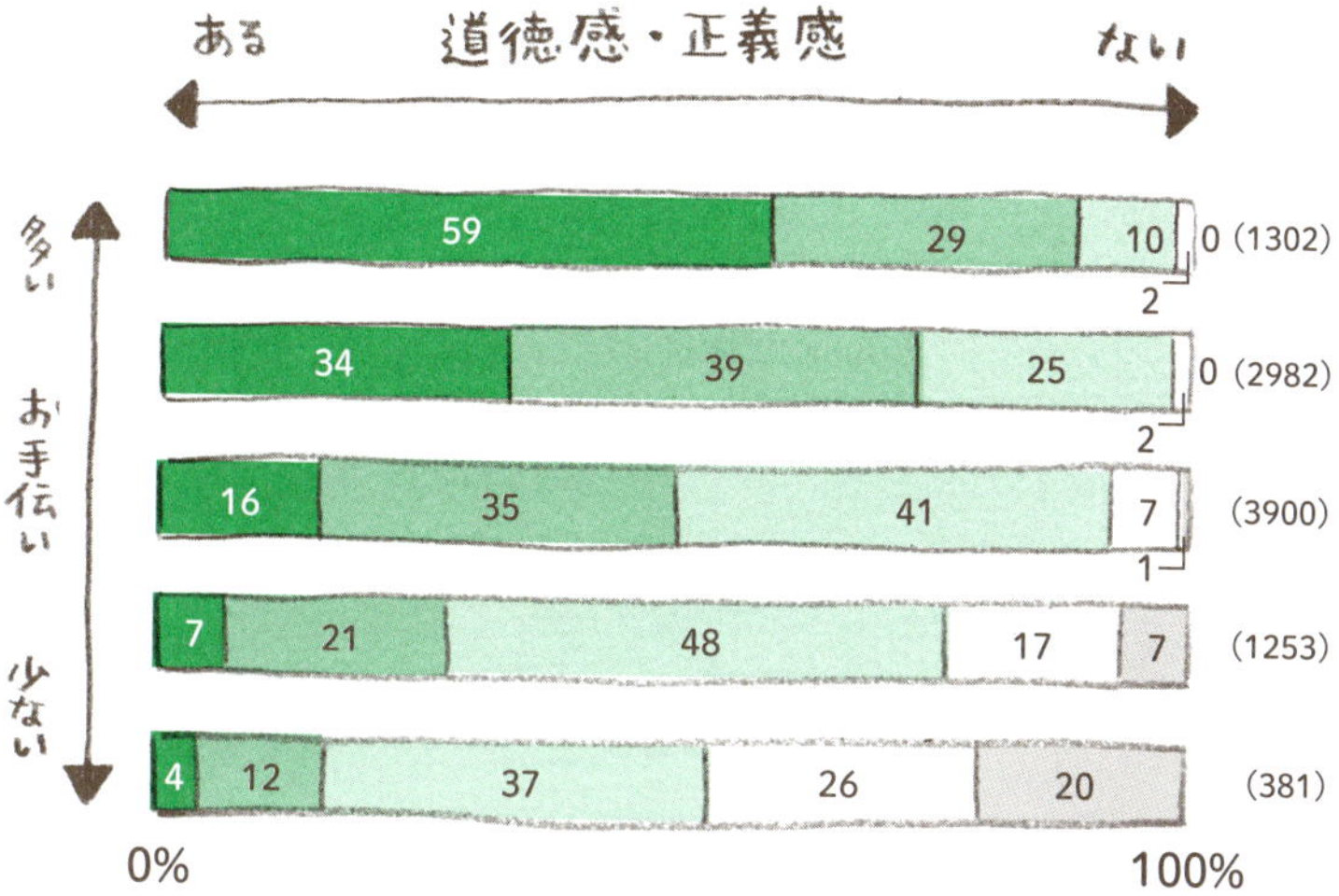

（出所）国立青少年教育振興機構『「青少年の体験活動等に関する実態調査」報告書』平成24年度調査、平成26年3月、30頁「図446　お手伝いと道徳観・正義の関係（H24）」より作成

注：統計処理上、合計が100%にならない箇所があります。

study

17

お手伝いで「自己肯定感」が高まる

子どもは二歳頃ごろになると、親のマネをしたがります。

親が台所に立っていたら、台所にやってきて手伝いをしたがります。洗濯物をたたんでいたら、洗濯物をたたみたがります。

私も以前、こんなことがありました。

子どものおやつにトウモロコシを湯がいて食べさせようとトウモロコシの皮とヒゲをむこうとしていたところ、「ワタシガ、ヤル。ワタシガ、ヤル」と、当時二歳の娘にトウモロコシを奪い取られました。大人からすれば手間のかかる作業なので、私は喜んでやらせました。

梅酒を漬けるために、梅のヘタを箸で取っていたら「ワタシガ、ヤル。ワタシガ、ヤル」と当時、二歳の娘に梅と箸を奪い取られた経験もあります。大人からすれば手間のかかる作業なので、私は喜んでやらせました。

それくらい、子どもは親がやっていることをマネしたがります。大人にとって手間のかかる作業でも喜んでやります。

ヒトも生き物であり、生き物には自立と成長の本能があるからでしょう。

馬でも牛でも、生後一時間程度で立ち上がります。もし、立ち上がらず、ずっとそこに横たわっていれば、天敵にやられてしまう確率が高まります。いち早く、立ち上がろうと努力した個体が生き残ることができます。

いち早く、親と同じ速度で走れるようになった個体が生き残ることができます。いち早く、親と同じことができるようになった個体が生き残ることができます。いち早く、自分の食べ物を自分で確保できるようになった個体が生き残ることができます。いち早く、自分の命を自分で守れるようになった個体が生き残ることができます。

そんな淘汰《とうた》が何百万年も繰り返されて、今の生き物がいます。自然があります。その進化の歴史の中で、生き物には、自立と成長の本能が刻み込まれていると考えられます。

ですから、子どもは、本能的にいち早く親と同じことができるようになりたいと、親のマネをし始めるのでしょう。

しかし、現在の社会は生活が便利になりすぎていて、子どもたちの自立と成長の本能に、なかなか火がつきにくくなっています。

昔は違いました。生活が不便でした。やらなければならないことがたくさんありました。逆に、子どもでも、できることがたくさんありました。

例えばお風呂を沸かすにしても、昔は薪《まき》でした。私の実家も、私が幼稚園のころまで、薪でお風呂を沸かしていました。なんとなく、父親が薪割りをしている姿を覚えています。

父親が薪割りを始めると、その周りで遊んでいた子どもたちは「僕にもやらせて」と、父親のもとに駆け寄ります。父親から、斧や鉈《なた》を借り、薪を割ろうとします。最初は、力もなく、コツもわからないので、割ることができません。

しかし、それを繰り返すうちに、体が大きくなり、力がつき、技術やコツを身につけ、薪を割ることができる日がやってきます。父親の目の前で、スパンと薪を割れる日がやってきます。

それを見た父親が、子どもに向かって言います。

「お、薪を割れるようになったか。一人前になったな。よし、今日から薪割りはお前の仕事だ」

できるようになると、仕事が与えられます。

仕事を与えられた子どもは、その日から一生懸命に薪を割り、お風呂を沸かします。

そうすると、大好きなお母さん、お父さん、お爺ちゃん、お婆ちゃんからほめられます。

「おまえのおかげで、お風呂が沸いたね。ありがとう」

弟、妹も「兄ちゃんスゴイ！　僕も早く兄ちゃんみたいに薪が割れるようになりたいなぁ」と言ってくれます。

このような生活が、昔の家庭であり、昔の社会でした。

「できる」のが大人、「できない」のが子ども。できない子どもは、できる大人の背中に憧れて、できるように必死に努力していたのです。

そして、できることが一つずつ増えていくことが、大人になるということだったのです。

できることが増えれば、仕事や役割が与えられます。仕事や役割をこなせば、みんなにほめられます。

そうして、子どもは家庭の中での存在価値を見出します。

「自分は、この家の中でなくてはならない存在だ。だって、やるべき仕事がある。その仕事をすれば、みんながこんなに喜んでくれる。自分という存在は大切なんだ」

これが自己肯定感です。

自己肯定感は、生きる力の源泉です。

つらいことがあっても、悲しいことがあっても、**私たちが生きていけるのは、「自分は大切な存在なんだ」「自分がここにいることで喜んでくれる人がいる」という自己肯定感があるからです。**

自分を認められると、人のことも認められます。よい人間関係もつくれます。

お手伝いが子どもの自己肯定感を育みます。

お父さんとお母さんが
どんなにうれしいか
感謝の気持ちを伝えると
親の感情は子どもに
しっかり伝わります。

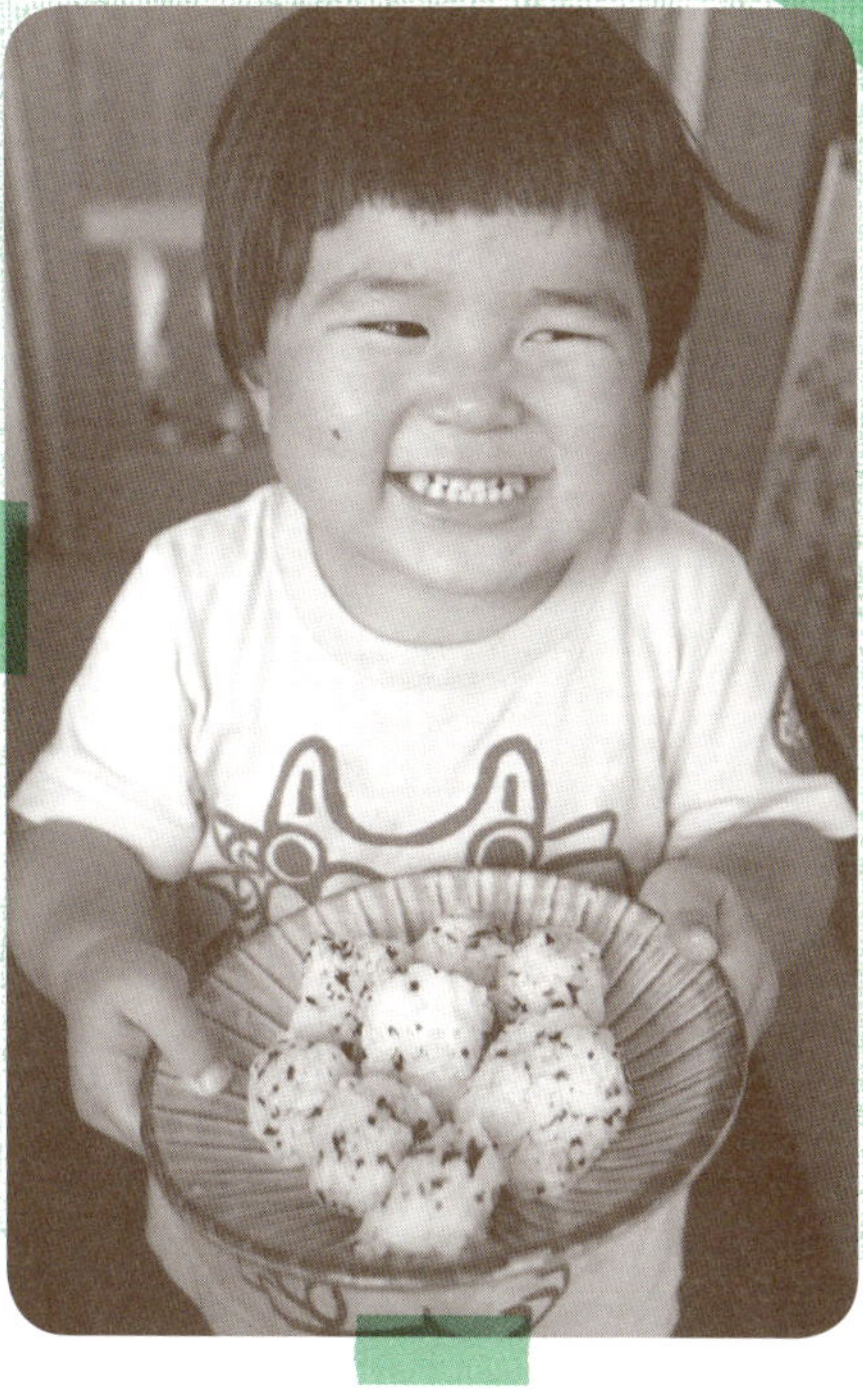

study

18

お手伝いで「やる気」が育つ

現在の社会は、生活が便利になりすぎていて、何ができたら大人で、何ができなかったら子どもなのか、よくわかりません。

スマートフォンを使っている方は多いでしょう。いろいろなアプリが入っていたり、機能が付いていたり、高性能化が進んでいます。

しかし、三歳くらいの子どもがスマートフォンを使いこなしていて、びっくりすることがあります。そのスマートフォンが壊れれば、大人でもショップに持っていくしかありません。大人だからといって、ほとんどの人が自分で修理はできません。このように、便利なスマートフォンに対しては、大人も子どもも関係ないのです。

テレビゲームなども、子どものほうが上手だったりします。大人の威厳などはありません。

生活が便利になりすぎるというのは、子どもの自立と成長という視点からすると考えものです。

このような話をしている私の家でも、お風呂を入れようと思えば、ボタン一つでできてしまいます。お風呂の給湯ボタンを押せば、四十二度のお湯が湯船に二〇〇リットル入って自動的に止まり、音楽が流れだし、挙句の果てには知らない女性の声で「お風呂が沸きました。お風呂が沸きました」と知らせてくれます。

薪でお風呂を沸かしていた時代と比較すれば、とても便利で、とても楽です。

しかし、私が子どものころに薪割りをしている父親を見て「お父さん、かっこいい。僕もお父さんみたいに薪を割れるようになりたい」と思っていたのに対し、今、私の子どもたちが、私がボタンを押している姿を見て、「パパ、かっこいい。私もパパみたいにボタンが押せるようになりたい」と思っているかといえば、絶対に思っていないでしょう。ボタンは三歳児でも押せるのですから。

便利すぎる現代社会は、子どもたちの自立と成長の本能に火がつきにくい社会なのです。

こんな便利な世の中だからこそ、なおさら、子どもたちにはお手伝いをさせなければなりません。

お手伝いは、「される」「してもらう」しかなかった子どもが、「一緒にやる」「できる」「人のためにやる」という自立のプロセスをたどる最も重要なところです。

家族から「される」だけだった子どもが、自分が「できる」ようになるということは、家族の一員になるというプロセスでもあります。

お手伝いをすることで、親に感謝できるようになるでしょう。

お手伝いをすることで、親子の会話が増えるでしょう。

お手伝いをすることで、子どもは親からほめられるでしょう。

「○○してみたい」「○○ができるようになりたい」「大好きなお母さんのために○○をしよう」「お手伝いしてお父さんが喜んでくれるのがうれしい」と思って、子どもたちは親のお手伝いをします。このように、自分の心の中から湧き上がるやりたい気持ちのことを心理学の考え方では「内発的動機づけ」といいます。

これに対して、「○○ができたら、買ってあげる」「○○したら、してあげる」「○○しないと、叩くよ」「○○しないと、ごはんなしね」という動機づけは「外発的動

機づけ」といいます。義務、賞罰、強制などによってもたらされる動機づけです。

私たちが行動を起こすのには、動機が必要です。

子どもたちが「○○をしてみたい」「○○ができるようになりたい」「○○が楽しい」「○○がうれしい」と自分で思ってお手伝いをするほうが、やらされるお手伝いより大きな学びにつながります。

そして、「人の役に立つ喜び」を知ることができるのです。

study

19

お手伝いはわずか五分でもいい

「ウチの子は、全然、手伝いをしないんですが……」というご相談を、お母さん方からよく受けます。

子どもたちがお手伝いをしない理由は簡単です。やりたがる時期に、やらせなかったからです。やらせなかったから、できないのです。強制的にやらせようとするから、お手伝いが嫌いになるのです。

「もう少し大人になってから」などと考えていると、子どもがお手伝いをしたい時期は過ぎてしまいます。したいときが、させ時なのです。

二、三歳の子どもたちは、大人がやっていることを見ていろいろとやりたがります。子どもにお手伝いをさせるのは、時間もかかるし、散らかったり、汚れたりします。

ですが、だからといってやらせないと、親がやってほしい時期に、子どもはやらなくなります。

お手伝いの基本は、「やりたがる時期にちゃんとやらせる」ということです。子どもは、台所でのお手伝い、食卓でのお手伝いをしたがります。なぜなら、子どもは食べることが大好きだからです。自分の食べるものは、自分で確保したいという本能があります。

子どもにシメジをちぎらせるとか、インゲンをちぎらせるとか、余ったご飯でおにぎりを握らせるとか、そういうことができない理由はなんでしょう？

「忙しい」「時間がない」という人もいるでしょう。ですが、自分のためにだけ使っている時間を、少しだけでもいいので、子どものために使ってください。

お手伝いよりも勉強してほしいという教育熱心なお母さんもいらっしゃることでしょう。ですが、**子どもにとってお手伝いは勉強以上に、「生きる力を身につける」大きな学びになるのです。**

わずか五分でもいいのです。台所でのお手伝い、食卓でのお手伝いをさせることで、いろいろな力が身につきます。

なにより「人が、おいしいと言って食べてくれる喜び」を経験できます。人が喜んでくれることを、楽しい、うれしいと思える子どもに育ちます。

楽しい、うれしいと思えれば、子どもはチャレンジできるようになります。

子どもがお母さんと
一緒に台所に立って、
お手伝いをする。
親子の会話が自然と生まれる。
幸せは身近にあるのです。

study

20

親は先回りしすぎない

講演会などで伺った先でいろいろと話を聞いていると、「子どもの偏食・小食」で悩んでいる親が多いようです。

多くの親は先回りしすぎてしまうようです。

「うちの子は小食」「食べないからおなかがすくんじゃないかな」「おなかがへったらかわいそう」「ちょっとでも食べさせたい」「どうやったら食べるだろう」「子どもが食べるものを作ってあげよう」「野菜を減らそう」「パンが好きだから、パンに代えよう」という具合です。

「ごはんを食べてないから、おなかへってないかな」「おなかがへってたら、かわいそうだな」「おやつを食べさせておこう」「子どもが好きなおやつを準備しておこう」

という具合です。

もし子どもが偏食・小食だったら、子どもにこう言えばいいのです。

「食べなくていいです」

当然、ごはんを残すのならおやつはありません。

野菜嫌いでも、夕食には野菜たっぷりのごはんです。それがイヤなら食べなくていいです。

「おなかがへった〜」と子どもが言ってきても、朝ごはんまで何もないです。空腹で眠れなくても、朝ごはんまで何もないです。

朝ごはんも、ご飯、野菜たっぷりのみそ汁、野菜の浅漬けだけです。それがイヤなら食べなくていいです。

これを繰り返します。こうすれば、いつか絶対におなかがへって、ご飯も野菜たっぷりのみそ汁も食べるようになるはずです。

外遊びも思いっきりさせます。カロリーを消費させます。空腹は最高のスパイスです。いつか絶対に「白ご飯、おいし〜」という日がやってきます。

こんな母親がいました。夜は子どもに早く寝てほしい。昼寝をさせると、夜になっても、なかなか寝ないので、昼寝をさせない。外遊びをさせると、疲れて昼寝してしまうので、外遊びをさせない。

私からすれば、無茶苦茶なロジックで、ある意味、虐待に近いと思います。

ですが、実際にこうして外遊びをさせない親が存在します。外遊びをしない子どもがいます。外遊びをしなければ、カロリーを消費しないので、おなかがへりません。ごはんを食べません。

食欲は本能です。

それでも子どもがごはんを食べないのは、消費カロリーが少ないか、どこかでカロリーを得ているかです。

生まれつき、胃が小さい子はいるでしょう。それが原因の小食はあると思います。

では、生まれつき偏食があるのかといえばそんなことはありません。

好き嫌いは確かにあります。子どもたちは、本能的に苦味、酸味が苦手です。でも、それは偏食に直結しません。偏食になるかどうかは、育て方の問題です。

前述のように、親が先回りのしすぎなのです。そうして、偏食になっていきます。

わが家の食卓は「ないものはない」「出されたものを食べる」が、暗黙のルールです。

わが家の子どもたちも、みそ汁の出汁のイリコや昆布を「パパ、食べて」と言ったりはします。でも、「今日は、ご飯じゃなくてパンがいい」などとは絶対に言いません。言ってもパンは出てこないし、家にはパンがないことを知っているからです。

おなかがへるつらさを知っているので、「嫌いだから食べない」などということも言いません。

子どもの偏食・小食は、子どもの問題ではなく、親の問題です。

親は、子どもに食べさせたいものを作りましょう。
子どもが食べなくても、作り続けましょう。

その食が子どもの体と心と学力を育みます。

その食が子どもの未来をつくります。

PART 3

食卓で「学ぶ力」が育つ

生活を大切にすること。
その生活が、
子どもの学力と
人生をつくる。

study

21

すぐに結果を求めない

子どもたちを勉強のできる子に育てたい、大きくなったら一流大学へ行かせたいと思っているお父さん、お母さんは多いのではないでしょうか。

では、学力とはそもそも何なのでしょうか。試験で良い点数を取ることが学力なのでしょうか。ここであらためて考えてみます。

少し堅い話になりますが、文部科学省はこれからの社会を生きる子どもたちには「確かな学力」が必要だと提言しています。「確かな学力」とは、「知識や技能はもちろんのこと、これに加えて、学ぶ意欲や自分で課題を見つけ、自ら学び、主体的に判断し、行動し、よりよく問題解決する資質や能力等まで含めたもの」としています。

つまり、学んだ結果としての成績だけが学力なのではなく、自分から進んで何かをしようとする積極的な力（意欲）や自分の意志や判断で行動しようとする態度（主体性）までを含めた力が学力だということです。

これをわかりやすく説明したのが梶《かじ》田《た》叡《えい》一《いち》先生が提唱した「学力の氷山モデル」です。梶田先生は教育心理学者で教育研究者であり、大学の学長や中央教育審議会初等中等教育分科会会長などを務められたこともあります。

氷山があるとします。水面の上に出ているのは「氷山の一角」です。この水面の上に出ている見える部分、これが「知識・理解」であり、「技能」ということになります。そして、水面から隠れている見えないところ、氷山の上の見えるところを支えている部分、これが「思考力・判断力」であり、そして「関心・意欲・態度」です。水面の上に出ている部分と出ていない部分の双方から氷山が成り立っているように、学力も見えやすい部分と見えにくい部分の双方から成り立っています。そして、水面下の部分がしっかりできていないと、水面上に現れている部分が不安定で頼りないものになってしまうのです。

（梶田叡一『教育における評価の理論Ⅰ　学力観・評価観の転換』金子書房、八五―八六頁）

氷山モデルが問題提起していることは、「見える学力」の「知識、理解、技能」だけではだめですよ、「見えにくい学力」の「思考力、判断力、表現力」、「関心、意欲、態度」が重要ですよ、ということです。

歴史をひもとけば、日本はしっかりとした教育を基礎として、戦後の復興と高度経済成長を遂げたといっても過言ではありません。

しかし一方で、一九七〇年代ごろから、「校内暴力」「いじめ」「登校拒否」「落ちこぼれ」など、さまざまな子どもたちの問題が起こりました。

知識重視型の詰め込み教育では問題があるとして施行されたのが、いわゆる「ゆとり教育」です。ゆとり教育は、学習時間と内容を減らし、経験重視型の教育方針でゆとりある学校を目指し、一九八〇年度、一九九二年度、二〇〇二年度から施行された学習指導要領に沿った教育のことです。

しかしその後、学力低下が指摘され、二〇〇八年には、「ゆとり」という流れとは逆に、学習内容を増加させた学習指導要領案が告示され、二〇〇九年度以降徐々に施行されていきました。これが「脱ゆとり教育」と呼ばれているものです。

現在の社会は複雑になり多様化しています。正解がない時代です。

海面に浮かぶ氷山としての総合学力

出典：梶田叡一著『教育における評価の理論Ⅰ　学力観・評価観の転換』（金子書房、1994）86頁より作図

これまでは違いました。正解をいかに探し出すかの時代でした。正解を探し求める力が学力とされていました。

生き方、働き方の選択肢も広がっています。

「自分の子どもが大人になったとき、世の中はどうなっているのだろう？」「そんな社会を生き抜く力とは何なのだろう？」と不安を募らせているお母さん方も多いのではないでしょうか。

複雑になり、多様化し、正解のない社会を生き抜くには、自分で考えて行動していく力が必要です。つまり、問題を発見する力、問題を解決する力、修正する力が必要です。

正解ではなく、みんなが納得する納得解をいかに修正しつくり上げていくかという時代です。

これからは、AI（人工知能）やロボットが私たちの仕事を奪っていきます。ですから、**人間にしかできないことを考え、その力を身につけていくことが必要なのです。**

年号や化学式を暗記したり、算数の問題が解けたり、テストで良い点数を取ったりする「見える学力」だけでなく、それを支える「見えない学力」「見えにくい学力」が重要なのです。「見えない学力」「見えにくい学力」にこそ、子どもたちの無限の可能性が秘められています。

「学ぶ力」とは自分の頭で考える力です。

study

22

子どもを見守る

「見える学力」「見えにくい学力」「見えない学力」を理解するために、わかりやすいモデルがもうひとつあります。それが「学力の樹」という捉え方です。

「学力の樹」とは、大阪大学大学院人間科学研究科教授で、学校臨床学、教育社会学を専門とされている志水宏吉《しみずこうきち》先生が提示された考え方です。

――およそ樹というものは、「葉っぱ」と「幹・枝」（以下では、合わせて「幹」と呼ぶ）と「根っこ」から成り立っていると考えることができる。その三者を、「知識・技能」（A学力）と「思考力・判断力・表現力」（B学力）と「意欲・関心・態度」（C学力）になぞらえてみようというのが、学力の樹のイメージの骨子である。

（清水宏吉『「つながり格差」が学力格差を生む』亜紀書房、八〇―八一頁）

清水先生が提示する「学力の樹」では、知識と技能の「見える学力」は、「葉っぱ」の部分に相当します。「葉っぱの量が多いほど光合成の量が増すように、人間も多くの知識・技能をもてばもつほど新たなものを生み出す可能性が高まる」と同書の中で説明しています。

「見えない学力」に相当するのが「根っこ」です。「根っこ」の役割についてはこのように説明しています。

――根っこの役割は、主に2つある。体全体を支える役割、そして体の成長に不可欠な水や養分を吸収する役割。根っこがしっかりしていれば、樹は倒れたり、枯れたりすることはない。しかし、根っこが弱いと、生命の危機にさらされる危険性が高まる。

（清水宏吉『「つながり格差」が学力格差を生む』亜紀書房、八三頁）

「葉っぱ」と「根っこ」をつなぐのが「幹（思考力・判断力・表現力）」です。

――幹がしっかりとしたものになるためには、植物の世界でも少なくとも数年はかかる。

人間の場合には、さらに長い歳月が必要であろう。子どもたちは日々いろいろなことを学び取っていく（葉っぱ学力）。片や、彼らの胸のうちにはさまざまに秘められたものがある（根っこ学力）。日々の生活のなかで、さまざまな人とのかかわりのなかで、両者が行ったり来たりするわけである。（中略）そうした経験を積み重ねるなかで、子どもたちは、自分なりのものの見方や考え方、自分の気持ちの表し方や人とのかかわり方を形成していく（幹学力）。

（清水宏吉『「つながり格差」が学力格差を生む』亜紀書房、八四頁）

以上が志水氏が提示する「学力の樹」のイメージです。

子どもたちの興味や関心は考えたり、伝えたりすることで、知識として定着していくのです。

学力の樹

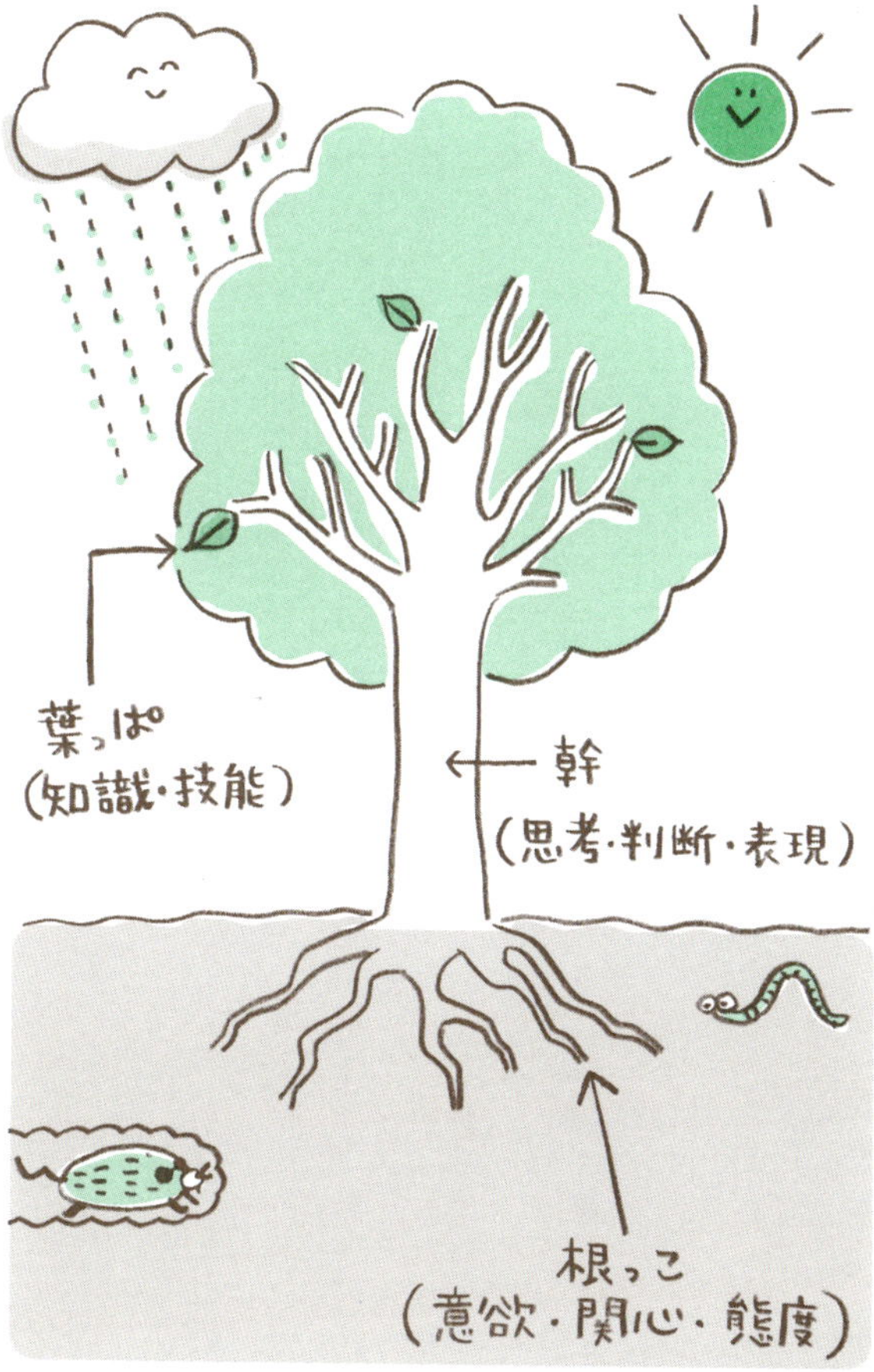

出典：清水宏吉著『学力を育てる』（岩波新書、2005年）45頁より作図

「学力の樹」は、学力の構造を理解するうえで大変にわかりやすい考え方です。

私が「学力の樹」モデルがよいと思う理由は、いくつかあります。

一つ目は、「葉っぱ」（知識・技能）と「幹」（思考力・判断力・表現力）と「根っこ」（意欲・関心・態度）の役割が、はっきりとわかることです。

二つ目は、「葉っぱ」と「根っこ」との栄養や水分のやりとり、相互作用が大変にわかりやすく表現されている点です。子どもたちはやる気や関心が持てるから、考えたり、喜んだり、話したりします。新しい知識や技能を身につけます。新しくできることが増えると、さらに興味が生まれたり、面白がったり、質問したりして、成長することができます。

三つ目は、樹は大きく育つという点です。なんにでも、興味や関心を持って挑戦することで、子どもたちは一つずつ、学んでいくのです。このようなサイクルで子どもたちの学力の樹はすくすくと育っていくことができます。

この学力の樹のイメージに、私なりのアイデアを追加しましょう。

樹が成長していくうえで、必要不可欠な要素があります。それが太陽、土、栄養、空気、水などです。

親は、太陽のようにぽかぽかと温かい愛情で子どもたちを照らしてエネルギーを与えてあげましょう。

空気のように、いつでもそこに存在して子どもの話を聞いて会話をしましょう。

栄養の豊かな土から元気な樹が育つように、たくさんの遊びが子どもの心の栄養と学びになります。

樹が土から栄養を吸い上げるためには水が必要です。同じように、子どもは大人のお手伝いをしながら心の栄養を蓄え、学んでいきます。

子どもの学力の樹が、しっかりとした根を張り、きれいな葉を蓄えて、大きく大きく育つように、**親は子どもを見守り、サポートしましょう。**

子どもたちがこのような体験を積むのに食卓は最適なのです。そして、食卓では親は温かく子どもたちを見守ることができます。

study

23

お金よりも本を与える

親の経済力と食生活

興味深いデータが公表され、新聞で報じられました。

「低所得家庭の小学生、朝食抜き傾向　９００人対象調査」と題する記事です。小学生約九〇〇人を対象に実施した厚生労働省研究班による世帯の経済状況と食生活の関連を示す初の本格的な調査です。

調査は新潟県立大の村山伸子教授らが２０１３年９～12月、東日本の４県６市町村で実施。小学５年生９２３人とその保護者から子供の食事内容と保護者の所得について、回答を得た。標準的な所得の半分を下回る世帯を低所得とし、それ以外の一般世帯の子供と比べた。

（「低所得家庭の小学生、朝食抜き傾向　９００人対象調査」『日本経済新聞 電子版』２０１４年８月１日〈http://www.nikkei.com/article/DGXLASDG0103G_R00C14A8CR8000/〉（二〇一六年三月八日閲覧））

記事によると、「低所得世帯の子供が『休日の朝食を食べない、または食べないことがある』と答える確率は、一般世帯の1・6倍に上った」そうです。さらに、低所得世帯の子どもは、「家庭で野菜を食べる頻度が低い（週2、3回以下）」が一般世帯の2・0倍、「インスタント麺やカップラーメンを週1回以上食べる」が一般世帯の2・7倍と、大きな差があることが明らかになりました。

つまり、低所得世帯の子どもは、休日の朝食を食べず、野菜を食べる機会が少なく、インスタント麺やカップラーメンをよく食べる、ということです。お金がないから栄養バランスのとれたちゃんとしたごはんが食べられない、という文脈です。

確かに、そういう現実もあるでしょう。

しかし、世界初のカップ麺である「カップヌードル」の希望小売価格はこの原稿を書いている二〇一六年三月時点で一八〇円です。同じく「日清焼そばU.F.O.」が一八〇円、「日清のどん兵衛 きつねうどん」も一八〇円。

これらの値段を高いと感じるか安いと感じるかは、個人の金銭感覚次第です。ある人からすれば安いでしょうが、私からすれば高いです。

なぜなら、ご飯を炊《た》けば一杯三〇円くらいだからです。計算式はこうです。少し高めのお米を買っても5kgで二〇〇〇円、1kgで四〇〇円となります。1kgはご飯約七合ですので、一合が五七円くらいとなります。一合でだいたいお茶碗二杯分です。つまり、ご飯一杯の値段は三〇円くらいという計算になります。

野菜たっぷりのみそ汁を作っても、ご飯とみそ汁で五〇円以内に収まるでしょう。つまり、インスタント麺やカップラーメン、ファストフード、ファミレスやコンビニ食に頼った食生活のほうが、食費はかさむのです。

ですから、「お金がないから、野菜が食べられず、カップ麺が多くなる」というロジックは成立しません。因果関係はないのです。

けれども、親の経済力とごはんの間には密接な関係があります。低所得世帯の子どもは、「家庭で野菜を食べる頻度が低く」「インスタント麺やカップラーメンを週一回以上食べる」割合が高いのです。「親の経済力と食生活には相関関係がある」と言えます。

親の経済力と子どもの学力

それでは、親の経済力と子どもの学力との間にどういう関係があるかを考えてみましょう。

社会統計学者の舞田敏彦《まいたとしひこ》氏のブログ「データえっせい」、「東大生の家庭の年収分布」（2015年2月2日）によると、世帯主が四〇～五〇代で世帯年収が九五〇万円以上ある家庭の割合は、一般世帯21・8％に対し、東大生の家庭では57・0％を占めたといいます。

東大の学部生を対象にした「2014年（第64回）学生生活実態調査」（東京大学広報室）によると、家庭の家計を支えているのは「父」が92・7％で「母」が39・3％。「父」の職業は「管理的職業」41・5％、「専門的、技術的職業」23・8％、「教育的職業」7・9％で、雇用形態は「民間企業に勤務」67・3％、「官公庁に勤務」17・4％、「経営者・役員または人を雇用している」9・3％となっています。エグゼクティブ層や医者などの専門的な職業が多いようです。

「学力テスト好成績　親の経済力も相関関係　文科省調査」（『産経ニュース』２０１４年3月28日）というニュースが報じられました。記事によると調査は文部科学省が二〇一三年五～六月、公立校の小学校六年生と中学校三年生の保護者約四万人に実施、四月の全国学力テストの結果と併せて分析していて、「年収１５００万円以上の世帯の子供は、２００万円未満の子供よりテストの正答率が12・7～25・8ポイント高いことが分かった」とあります。

「平成22年国民生活基礎調査の概況」（厚生労働省）によれば、年収一五〇〇万円以上の世帯は全世帯の３・３％しかいません。一方、年収二〇〇万円未満の世帯は18・5％です。年収の上位３・３％と下位18・５％を比較するのもどうかと思いますが、それでも、明らかに差が生じたということです。

親の経済力と子どもの学力に相関関係が生まれてしまうから、貧困が世代間で連鎖します。

親の経済力と子どもの学力に相関関係が生まれてしまうから、教育格差が世代間で連鎖します。

生活保護世帯の四割（25・1％）は、自らが生まれ育った家庭でも生活保護経験があるという調査結果が厚生労働省から発表されています。

親の経済力がなかったり、親が育児や子どもの教育に無関心だったり、子どもが安心して勉強できる環境になかったりして、十分な学習ができなければ、子どもの学力は伸びません。当然、学力が低ければ進学や就職に不利になります。その結果、その子の未来の、低収入や収入の不安定化につながります。そうしてその子ども世帯も貧困となってしまいます。

この繰り返しが、貧困の連鎖であり、教育格差の連鎖です。

貧困と教育格差の世代間連鎖を乗り越える方法

前述のデータだけを読むと、「経済力の乏しい家庭の子どもは必ず教育も健康も乏しくなる」と思われるかもしれません。

ですが、絶望することはありません。

文部科学省の調査で「親の経済力と子供の学力には相関関係がある」ことが明らかにされましたが、それ以外のこともわかりました。「親の経済力にかかわらず、本や新聞を読むよう親から勧められている方が国語、算数・数学のいずれも、正答率が10・7～17・1ポイント上回った」（「学力テスト好成績　親の経済力も相関関係　文科省調査」『産経ニュース』）というのです。さらに同記事によると「保護者が子供と読んだ本の感想を話し合っている場合は、知識の活用力を問うB問題の正答率が、平均より6・5～9・0ポイント高かった」そうです。

本を読むことです。新聞を読むことです。親子で会話することです。

そして、特に注目すべきは、親の経済力が低くても正答率が上位25％に入った子どもの生活習慣として挙げられている以下の三点です。

「親の経済力が低くても正答率が上位25％に入った子供の習慣として、（1）朝食を毎日食べ、毎日同じくらいの時間に寝ている（2）親と勉強や成績のことについて話をする（3）学校の宿題をし、規則を守る―などの特徴がみられた」

（「学力テスト好成績　親の経済力も相関関係　文科省調査」『産経ニュース』２０１４年３月28日〈http://www.sankei.com/life/news/140328/lif1403280001-n1.html〉）

食生活の習慣をしっかりとさせることです。基本的な生活習慣を身につけさせることです。**「早寝、早起き、朝ごはん」**です。その重要性が、統計的にも明らかになったということです。

このように、食生活と小学生、中学生の子どもの学力との間にも相関関係があります。

食生活の基本的習慣は食卓で身につけることができます。食卓で子どもと勉強や成績のことについての話もできます。食卓で子どもに親の体験してきた話を聞かせることもできます。子どもの夢や、やりたいことも聞けます。

食卓をどう活用するか、**食卓での過ごし方次第で、子どもの学ぶ力をいくらでも伸ばすことができます。**食卓の力を活用すれば、教育格差の負の連鎖さえ断ち切ることができるのです。

しかも、お金はかかりません。工夫次第でいくらでも食卓の力を活用できます。

まずは毎日の食卓で、子どもたちにしっかりした食事の習慣を身につけさせましょう。必ず、学びの基礎となります。

study

24

糖質過多の朝ごはんはやめる

私の講演ではよく、参加されたみなさんに「今朝の朝食」について質問させていただきます。手挙げ式アンケートです。次の四択で答えてもらいます。

①ご飯中心
②パン中心
③その他（コーンフレーク、ヨーグルト、ゼリー等）
④食べていない

数年前までは、おおよそ「ご飯中心」50％、「パン中心」40％、「その他」「食べていない」10％、でした。しかし、ここ最近は「パン中心」が「ご飯中心」を上回ります。特に都市部では「パン中心」が多いです。

この「パン」がくせ者です。小麦粉やライ麦粉、水、塩、酵母しか使われていないようなフランスパンやドイツパンなら話は違いますが、日本のスーパーで販売されているような食パンは甘くて柔らかくて口当たりはいいのですが、油と砂糖がたっぷりと使われています。裏の原材料名を見てください。ふんわりしているのは油の力、しっとりしているのは砂糖の力です。甘い菓子パンであれば、重量の25～30％くらいが砂糖です。

保育園児、幼稚園児、小学生が菓子パンなどの糖質過多の朝ごはんを食べます。お米なら炭水化物ですから、咀嚼《そしゃく》、消化、分解、吸収して、血糖値の上がり方は緩やかです。

しかし、菓子パンには、砂糖だけでなく分子の小さい果糖も使われていることがあります。一気に吸収され、一気に血糖値が上昇します。登園、登校時間中です。

血糖値が急上昇すると、体が反応して値を下げようとインスリンが大量に分泌されます。その働きで血糖値は急降下します。そうして一時間目が始まります。

脳は、この血糖値の急降下に弱いのです。血糖値が下がりすぎていて、やる気が出ないのです。集中力がなくなるのです。糖質過多の朝ごはんを食べた子どもが、「ぼーっ」としてるのは、下がりすぎた血糖値が原因です。

「うちの子はやる気がなくて……」ではないのです。やる気が出ないような体になっているのです。糖質過多の朝ごはんが、そんな体にしているのです。

三、四時間目。血糖値が下がりすぎると、今度は体が逆に反応し、今度はホルモンを総動員して血糖値を上げようとします。その一つがアドレナリンです。

このアドレナリンが血中に放出されると交感神経が興奮します。ですので、「攻撃ホルモン」とも呼ばれています。授業中、子どもたちがイライラしたり、キレたりするようになるのです。

授業中に、ボーッとしたり、イライラしたり、キレる子どもを育てたくなければ、糖質過多の朝ごはんはやめましょう。

とはいえ、子どもにとっては、炭水化物の朝ごはんは必要です。脳のエネルギー源はたんぱく質でも脂質でもなく、炭水化物が分解されたブドウ糖だからです。

炭水化物は糖質と食物繊維でできています。ご飯、パンなどの炭水化物を食べると、消化されてブドウ糖に分解されます。分解されたブドウ糖は血流に乗って、細胞に配られます。

菓子パンやケーキのように、消化の手間がほとんどかからずにそのまま体内に吸収されるような糖分を多く含んだ糖質過多の朝ごはんがNGなのです。

そして、朝ごはんを一人で食べると、パンの割合が高くなります。

それは当たり前です。子どもが一人で朝ごはんを食べれば、自分が食べたいもの、簡単に食べられるものを選ぶのは当然です。

幼児期から、朝食が「ケーキだけ」「プリンだけ」「ゼリーだけ」「鯛焼きだけ」「シリアルだけ」「果物だけ」という生活を送っている子どももいます。そうすると、小学生になってからの朝ごはんはこんな感じになります。

コーンフレーク、ヨーグルト、ゼリー、バナナなどの果物など——。

驚くことに、朝ごはんがラーメン、お菓子という子どももいます。

つまり、子どもの食生活を改善しようと思うなら、「朝ごはんには、ご飯とみそ汁を食べましょう」などと指導するよりは、「親と一緒に食べる」という具体的行動を提案したほうが効果があるのかもしれません。

study

25

朝ウンチの習慣をつける

少し古いデータですが、以前、こんな調査を行いました。福岡市の西にある糸島市は、合併前は前原市《まえばるし》、二丈町《にじょうまち》、志摩町《しままち》でした。糸島市には、都市部から農村部、新興住宅地までいろいろな校区があります。

糸島市にある小学校全十六校を対象にしたアンケート調査（JA糸島実施）で、設問作りから回答集計、分析を担当しました。二〇〇八年九月から十月にかけて、十六の小学校の六年生、一〇九一人に対して実施しました。回収数は、一〇七〇票、回収率は98％でした。

興味深い調査結果をいくつか紹介しましょう。

「学校に行く前に大便をするか」という問いに対して、「毎日する」は20・3％でした。それに対して、「週1日から2日する」（26・7％）と「まったくしない」（34・5％）を合わせると、61・2％、子どもたちの六割が毎朝ほとんど大便をしていないという回答でした。

ちょっとビックリです。

私などは、朝起きてすぐと、朝食後の二回もトイレに行っています。

講演で、子どもたちやお母さん方に聞いてみると、「朝は忙しくて行く暇がない」ということのようなのです。

では、いつトイレに行っているのでしょうか。「学校から帰ってすぐ」だそうです。帰宅すると慌ててトイレに駆け込む子どもも多いのだそうです。

これは、二つの問題を提起しています。

一つは、学校でウンチするのは恥ずかしいのです。

ただ、最近は学校のトイレも変わり、きれいなトイレが増えていますし、小学校入学時に「トイレに行くことは恥ずかしいことではない」という教育を徹底している学校もあります。とはいえ、それで朝の排便習慣が必要ないということにはなりません。

もう一つは、学校で行きたくなって、慌てて家に帰っているということです。

午後、ウンチに行きたくなって、ガマンしながら勉強をしている子も実際にいます。「朝の排便習慣がない子どもは、学校で、落ち着きがない」という話を現役の小学校の先生から聞いたこともあります。

私たちの体は神経の働きでコントロールされています。自律神経は内臓や呼吸など命の維持に関わる器官をコントロールしていて、自分の意志でコントロールすることはできません。排尿、排便も自律神経で調節されています。

この自律神経には、交感神経と副交感神経という相反する二つの神経があり、必要に応じてどちらかの働きを強めて体のバランスをとっています。朝は副交感神経が優位で、昼になると交感神経が活発になります。そして、夜になると副交感神経が優位になります。生活が不規則になると、この自律神経のバランスが崩れてしまいます。

胃腸の専門医である松生恒夫《まついけつねお》先生は自律神経と排便の連係について、次のように説明しています。

副交感神経が優位にある朝の腸の状態ですが、朝食を食べて空っぽの胃に食べ物が入ってくることで、「胃・結腸反射」が起き、それとあわせて大ぜん動という状態が起きて、便を直腸まで押し出します。しかし朝食を抜くとこの大ぜん動運動が起こらないため、せっかくの排便のチャンスを逃してしまうのです。

（松生恒夫『腸育をはじめよう！　子どもの便秘を放置したらダメ！』講談社、七四―七六頁）

「大ぜん動」は一日に数回しか起こらないそうで、松生先生は子どもの排便力をテーマとしたこの本の中で、さらに次のように解説しています。「特に起こりやすいのは朝食後から1時間以内といわれ、通常は10～30分しか持続しません。そのためこの『大ぜん動』が起きているときに排便しないと、便秘を引き起こす原因になります」（同、三六頁）。

生活リズムは、各家庭、個人によって違いますから、何が正しいとは言えません。しかし、ウンチが原因で、保育園や幼稚園、小学校でソワソワしてしまっては問題です。小学生では午後の授業に集中できないというようなことにもなります。

朝、少し早く起きて、しっかりと朝ごはんを食べて腸を動かし、ウンチをしてから気持ちよく出かける。**朝ウンチの習慣をつけるためにも、朝食は大切なのです。**

study

26

子どもに夜更かしをさせない

昔から、「寝る子は育つ」と言います。よく寝る子は健康で丈夫に育つということがことわざとして言い伝えられてきたものです。同様に、「寝る子は息災」「寝る子は育つ親助け」などとも言われてきました。

睡眠は子どもの成長にとって必要不可欠にもかかわらず、子どもたちの睡眠の乱れが指摘されています。

小児科医の成田奈緒子《なりたなおこ》先生は著書の中で次のように述べています。

――脳にとって最低限必要な睡眠時間（一日当たり）は、成人7時間、中高生8時間、小学生9時間、幼稚園年長10時間、そして1歳児で12時間です。しかし日本の子どもたちの睡眠時間は年々短くなってきています。実際、日本の小学生の平均睡眠時間は1970年に9時間23分だったのが、1980年には9時間13分、1990年には9時間3分、そして2000年には8時間43分となっています（文部科学省編「データからみる日本の教育」2006年　国立印刷局　2006）。やはり2000年頃から子どもたちが変わってきたのですね。

（成田奈緒子『早起きリズムで脳を育てる　脳・こころ・からだの正三角形』芽ばえ社、四九、五一頁）

前述した糸島市の小学校六年生を対象にしたアンケート結果からも、子どもたちの夜更かし習慣が見て取れます。

質問「起床時間は何時ですか？」

「六時半～六時五十九分」　44・6％

「七時～七時二十九分」　39・1％

平均の起床時間は六時四十六分です。

都市部の方々は「早い！」と驚かれるようですが、糸島市には小学校まで一時間も歩いて行く子どももいるので、これくらいの時間に起きなければ間に合いません。

質問「午前中に学校で眠くなることはありますか？」
「ほぼ毎日眠くなる」　18・8％
「週三日から五日眠くなる」　23・4％

「ほぼ毎日眠くなる」と「週三日から五日眠くなる」を合わせると、42・2％となります。つまり、約四割の子どもが、ほぼ毎日、学校で眠くなっていることになります。

この原因は明らかです。夜更かしです。ほぼ毎日眠くなると答えた子どものうち45・8％が、就寝時間が午後十一時以降です。

毎日、午前中は眠くて、午後はウンチでソワソワ……。とすれば、いつ集中して勉強できるのでしょう。

平均就寝時間は二十二時二十三分。小学校六年生にしては遅すぎると思います。

就寝時間を詳しく見ていきます。

午後九時台　20・9%
午後十時台　43・9%
午後十一時台　26・3%
午前零時以降　6・7%

就寝時間が午前様の子どもが6・7%もいることに驚きます。ちなみに私が小学校六年生のときは午後九時にには就寝でした。「時代が違う」と言われるかもしれませんが、時代によって子どもの体が変わるはずがありません。

なぜ、就寝時間が遅くなるのか、その理由を聞いてみると「面白いお笑い番組が夜の十時から始まるから」ということらしいのです。

二十四時間営業や深夜営業やスマートフォンやインターネットの普及などで、夜型の行動パターンが増えていることも関係しているでしょう。アメリカのニュース専門放送局CNNのウェブニュースではこのような報道もされています。

スマートフォンなど小型画面搭載の電子機器を寝室に持ち込む子どもは、持ち込まない子どもに比べて睡眠時間が短く、学業成績や健康などに影響が及ぶ恐れもあるという研究結果が米小児科学会誌の2月号に発表された。

（「スマホと一緒に寝る子ども、睡眠短く　健康被害の恐れも」『CNN.co.jp』、2015年1月6日〈http://www.cnn.co.jp/fringe/35058659.html〉（二〇一六年四月二十五日閲覧））

学校の先生に、「早く寝るように指導しないのですか？」と尋ねると、「私たちの力ではお笑い芸人に勝てません」という答えが返ってきました。

「イライラすることはありますか？」という質問もあります。

質問「イライラすることはありますか？」

「よくある」　31・6％
「ある」　59・9％

「よくある」と「ある」を合わせると、なんと90％以上にもなります。

小学校六年生の十人のうち九人以上が、頻繁にイライラしているというのです。この理由も、夜更かしと相関関係があることがこの調査からわかりました。「よくある」と答えた子どものうち、四割以上が二十三時以降に就寝していました。

成田奈緒子先生は前述した著書の中で、「小学生では、夜11時から2時ぐらいの間に成長ホルモンが分泌されます。そのため、10時には熟睡状態になっている必要があります」（同九二頁）、「乳幼児の時代は、毎晩午後8時までに寝かせ、毎朝午前7時までに起こすことを目標にしてください」（同六二頁）と述べています。

この本は遊びや勉強に集中できる子どもに育てるための子育てについて科学的に書かれています。ご興味のある方はぜひ読んでみてください。

学力の向上にとっても睡眠は重要です。富山大学人間発達科学部の神川康子先生が「こどもの睡眠足りていますか？　～眠って、賢く、優しく、美しく、人間力ＵＰ‼基本的な生活習慣と自己管理能力を育む」というレポートを発表しています。このレポートの「子どもたちの生活の現状」に次のような報告がなされています。

九時前に就寝する子どもは81・1％が「授業に集中できる」と答えているのに対して、午前0時以降に就寝する子どもで「授業に集中できると」答えたのは44・4％にとどまり、就寝時間の遅れが集中力や成績に関連していることがわかったそうです。また、就寝時間とテスト平均点の調査では、九時前に就寝した子どもの41%が95点以上だったのに対して、午前0時以降に就寝した子どもは0%、十一時台が14%、十時台が22%、九時台が28%だったそうです。

神川先生の調査からもわかるように、夜更かしをして睡眠不足になると、集中力が減り、学習効果も上がりません。つまり、脳がよく働かない、ということになるのです。イライラしたり、やる気が出ないことにもつながります。

寝ている間には脳と体が休息しているだけでなく、記憶の整理、ストレスの解消、ホルモン分泌、免疫力維持なども行われています。

夜更かし、寝不足は、子どもたちの脳の働きに影響を及ぼすことはもちろん、朝食抜きとなりがちです。

テレビだけでなく、インターネットやスマートフォン、過剰な夜間照明なども影響があるでしょう。寝室にはスマートフォンを持ち込まないように習慣づけましょう。

このように睡眠は重要です。**小さなうちから早寝早起きの習慣をつけましょう。**子どもたちがぐっすり眠って、すっきり自分で起きられる習慣づくりをしましょう。

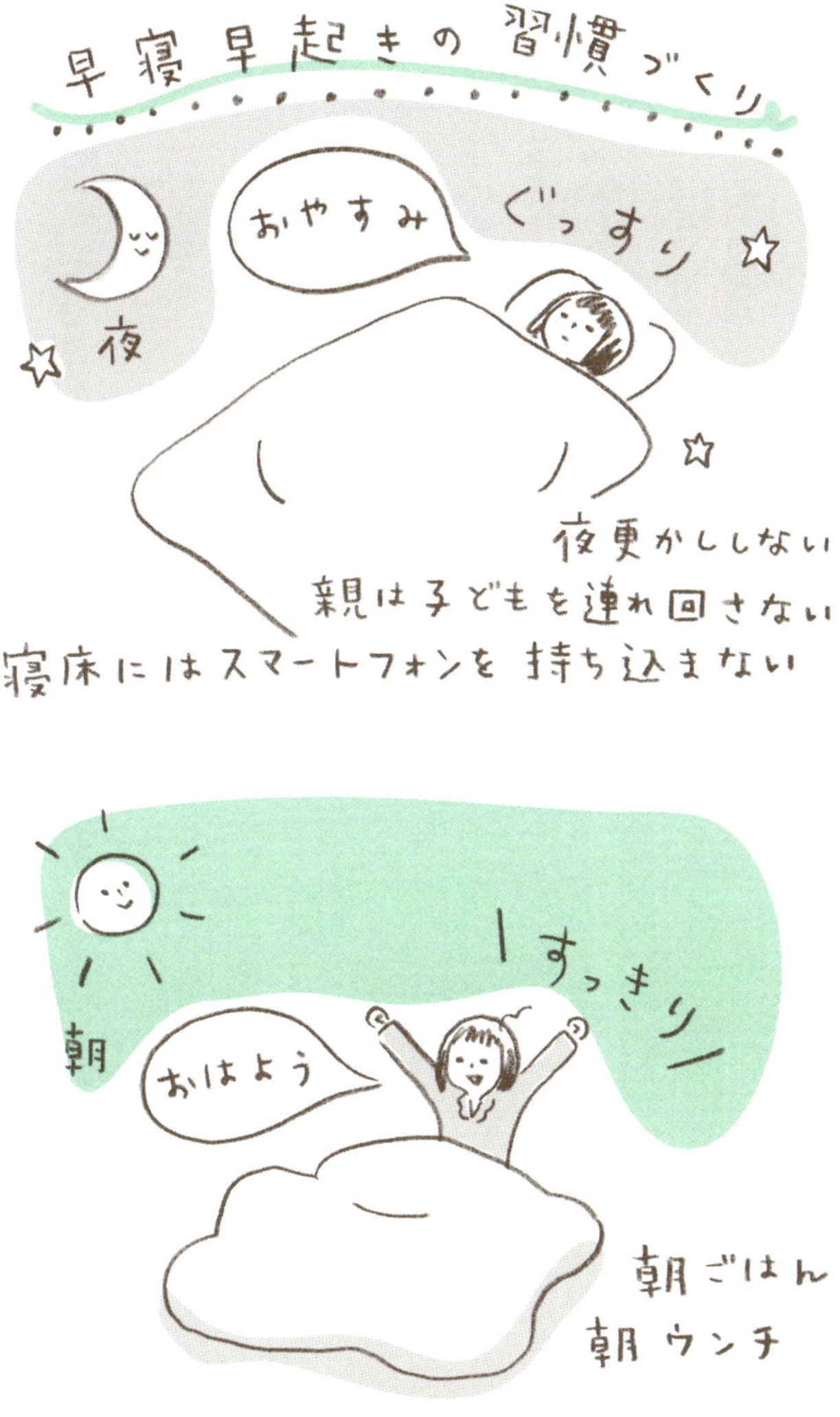
早寝早起きの習慣づくり
夜
おやすみ
ぐっすり
夜更かししない
親は子どもを連れ回さない
寝床にはスマートフォンを 持ち込まない
朝
おはよう
すっきり
朝ごはん
朝ウンチ

study

27

子どもと一緒に本を楽しむ

私がこうして原稿や本を書けるのも、間違いなく読書のおかげです。

私の場合、小学校三年生のときは伝記を読みあさりました。起爆装置を付けて、安全に使えるようにしたダイナマイトの発明で知られる科学者アルフレッド・ノーベル、長時間光り続ける白熱電球を発明した発明王トーマス・エジソン、ラジウムを発見したキューリー夫人。日本人の伝記では、日本人として初めてノーベル賞を受賞した湯川秀樹、日本の細菌学の父といわれる北里柴三郎など、発明、発見ストーリーが大好きでした。

もう少し高学年になると、小説に夢中になりました。「ズッコケ三人組」シリーズ（那須《なす》正幹《まさもと》著）や、江戸川乱歩の「怪人二十面相」「少年探偵団」シリーズ、中学生になってからは赤川次郎シリーズにも夢中になりました。

今思い返すと、週に一日は夕食後に本屋さんに行って、父が一冊だけ本を買ってくれました。ですから、最低でも一週間に一冊は本を読んでいました。

本の読み方には大きく二つの方法があります。

いろいろな本を読む方法と、一冊の本を何度も読む方法です。

ジャンルにこだわらずいろいろな本を読むことをおすすめします。それまでは知らなかった世界、社会、知識、情報、考え方、感動……、いろいろなものを身につけることができます。

しかし、一冊の本を何度も読むことも大事です。

どんなに素晴らしい本でも、一回読んだだけでは、なかなか奥深いところまでを感じることはできません。書かれている内容はすぐには自分の血肉にはなりません。何度も繰り返し読むから、身についていくのです。

また、同じ本を読んでも、今日と半年後とでは感じ方が違うはずです。面白いと思えるポイントも違うでしょうし、気づけなかったことにハッと気づくこともあります。作家の気持ちにもより近づけるはずです。

これが、成長ということです。一冊の本を何度も読めば、自らの成長を確認できるのです。

加えて、同じ本を何度も読むと文章力が身につきます。

私は、大学生のときに、村上春樹さんの『ノルウェイの森』に感激して、一〇〇回くらいは読み返しました。彼の文章力をまねできているとは思えませんが、きれいな言葉を使うこと、リズム感などは影響を受けているのではないかと思っています。

今の私が本を書いて出版してもらえるのも、小中学校生のころにたくさんの本を読んだこと、そして大学時代に一冊の本を何度も読んだこと、この二つのおかげだと思っています。

今は効率重視、スピード重視の時代ですが、子育てには読書は不可欠でしょう。

読書の効果はすぐに見えるものではないかもしれませんが、**読書は子どもたちの根っこの栄養になります。**幹を通って葉っぱまで行き渡り、さんさんと明るい太陽を吸収できる力が育ちます。

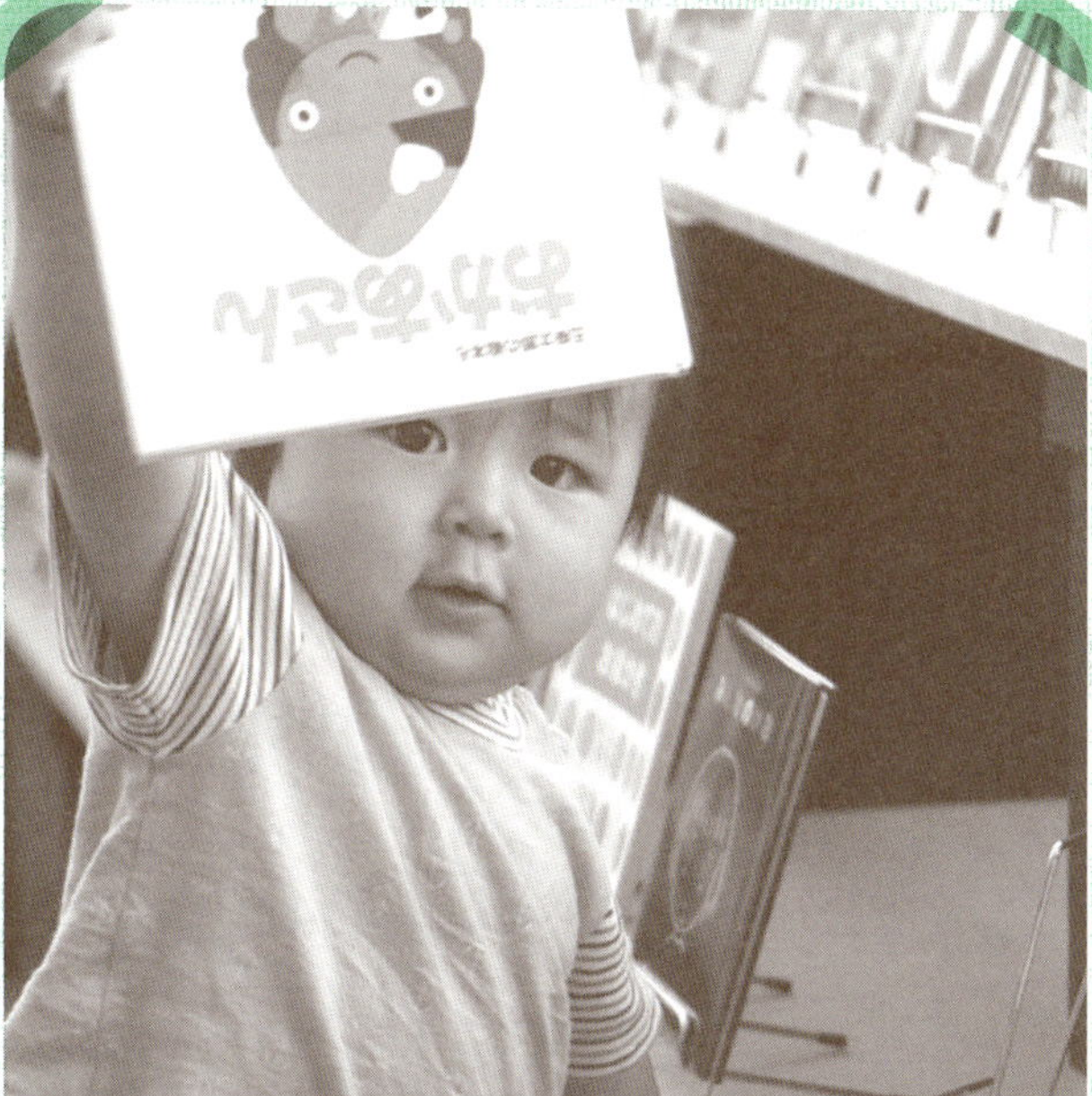

子どもには、
無限の未来があります。
無限の可能性があります。

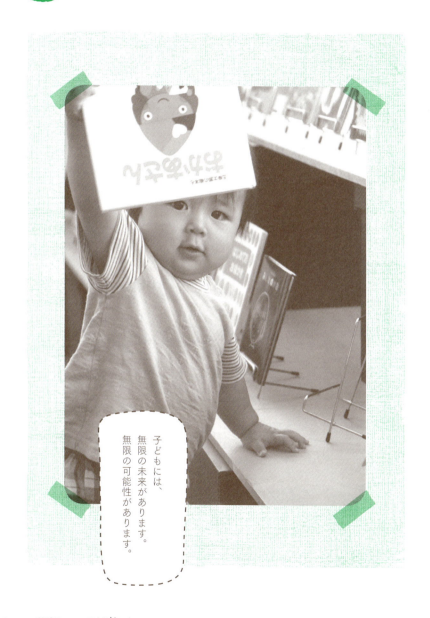

study

28

食卓で親子読書会をする

「本の大切さはわかってるのですが、子どもが全く本を読まなくて……」

講演会などで、お母さん方からこのようなご質問を受けることがたびたびあります。

子どもが本を読まない理由は簡単です。親が本を読んでいないからです。

子どもに読書習慣を身につけさせるには、コツがあります。

子どもに読書習慣をつけるコツ

コツ① 子どもが小さいころから読み聞かせをしましょう。

子どもにとって、親が読む絵本の読み聞かせはとても楽しい時間です。絵本の読み聞かせを通じて、「本を読むのは楽しい」という価値観を身につけさせましょう。

コツ② 子どもが自由に本を手に取れる環境をつくりましょう。

子どもが自分で本を選べるようにしましょう。わが家では、寝る前の読み聞かせに、子どもたちが一人二冊ずつ、絵本を選ぶのが日課でした。「あれも読みたいし、これも読みたいし、どっちにしよう」と悩むプロセスが、もっと本を読みたいという意欲を育みます。

コツ③ 親が子どもの前で、毎日、当たり前のように本を読みましょう。

本を読むことが、わが家ではごはんを食べることと同じくらい、当たり前のことだという感覚を身につけさせましょう。

コツ④ 子どもが好きな本を買ってあげましょう。

私の五歳の息子は、工事現場や「はたらく車」が大好きで、その図鑑を買ってあげたら、字は読めませんが、毎日のように図鑑を開いています。親が子どもに読ませたい本ではなく、子どもが読みたい本、子どもが好きな本を買ってあげましょう。

コツ⑤　音読させましょう。

音読すると集中できます。自分の声が、自分の耳から聞こえてくるので、頭に入ってきます。

コツ⑥　定期的に、親子で書店に行きましょう。

本を読むには、買うか借りるかということになります。私は本屋さんで買う方法をおすすめします。

図書館で借りると無料です。でも、読まずに返却することもあります。お金を出して買えば、もったいないからと完読する可能性が高まります。買って、本棚に並べておけば、いつでも読み返すことができます。

本は人生の財産です。そして、**本は人生への投資です。**子どもの未来を切り開き、可能性を広げていくための投資です。本にお金をかけることができないという親は、子どもの未来にお金をかけるのはもったいない、と言っているようなものなのです。

ですから、定期的に親子で本屋さんに行きましょう。子どもに投資しましょう！

読書は、子どもに多くの経験を与えてくれます。
読書は、先生になってくれます。
読書は、親友になってくれます。
読書は、夢や希望をプレゼントしてくれます。
読書は、人生を豊かにします。
読書は、可能性を広げます。
読書は、親と子どもの絆を太くします。

読書の魅力は、まだまだたくさんあるでしょう。こんなにいいことずくめの読書を人生の味方にしない手はありません。

お父さんもお母さんも毎日が忙しくて、ゆっくりと子どもに絵本を探したり、読み聞かせることができないかもしれません。

あらためて読書の時間をつくらなくてもいいのです。**毎日の食事の時間を活用して食卓での親子読書会をしてみてください。**

児童文学作家の椋鳩十《むくはとじゅう》さんは「母と子の二十分間読書運動」を提唱しました。教科書以外の本を子どもが二十分間くらい読むのを、お母さんがかたわらにすわって静かに聞く、というものです。

子どもが、感激して読むものに、親も感心して耳をかたむける。
子どもが、涙ぐみながら読むものに、親も、じーんと、鼻をつまらせながら聞き入る。
子どもが、笑いながら読むものを、親も聞きながら、にっこりとする。

（椋鳩十『母と子の20分間読書』あすなろ書房、六二頁）

最新の絵本や本でなくてもいいのです。毎日でなくてもいいのです。お父さん、お母さんが子どものころ大好きだった絵本を読んであげてください。その絵本を読んでくれた自分のお父さん、お母さんへの感謝の思いも湧き上がってくることでしょう。自分がいかに愛されていたかを、感じるかもしれません。

食卓で、親と子どもの心が触れ合う時間をつくりましょう。

声に出して読んでみて
ボクも読みたい
じゃあ、私から読むね

study

29

子どもの可能性を広げる

私たちは、自由に考えたり、行動したりできます。ですが、じつはそれほど自由でもありません。どういうことかというと、人は一定の枠組みの中でしか、考えたり行動できないのです。

その理由について説明しましょう。

自分の行動や価値観、考えを規定する枠組みのことをパラダイムと言います。

私も多くのパラダイムにとらわれていました。いや、今でもとらわれています。

例えば、私が「海外に行きたい！」「バイクに乗りたい！」と思えるかどうかを考えてみます。

私は高校を卒業するまで、海外へ旅行した経験がありません。さらに言えば、私の両親は、当時、一度も海外旅行をしたことがありませんでした。ですから、両親の口から「海外旅行の素晴らしさ」「海外旅行のすすめ」を聞いたことがありません。

バイクにしても同様です。車の免許は十八歳になってすぐに取りましたが、バイクに乗ろうという気はいまだに起きません。小さいころから「バイクはコケたら死ぬ」と両親からしつこく言われ続けてきたからです。

就職も同じです。大学生のとき、私は一般企業への就職活動は一切しませんでした。私は教員一族の家系に育ちました。父親も小学校教員でしたし、叔父叔母には、中学校教員、高校教員、養護学校教員が何人もいます。いとこにも小学校教員がいます。このような家庭環境に育った私にとって、働くことはすなわち学校の教員になることでした。一般企業に就職するという選択肢は、思いつきもしませんでした。

このようなパラダイムが、人にはそれぞれいくつも存在するのです。

人はこのパラダイムに支配されています。パラダイムが自分の限界を決めてしまうと言ってもいいのです。

「ノミの実験」という話があります。いろいろなところで、いろいろな方がお話しされているのでご存じの方も多いかと思います。

ノミは体長二ミリほどの小さな虫ですが、自分の約一五〇倍もの三〇センチメートルも跳ぶ能力があるそうです。そのノミを一〇〇〇匹ほど、10センチの高さのガラスのコップに入れて、跳び出さないように丸一日、二十四時間、フタをして閉じ込めてしまいます。二十四時間後にフタを取ったとき、一〇〇〇匹のノミはどうなると思いますか？　三〇センチジャンプしていた一〇〇〇匹のノミは、一〇センチ未満しか跳べなくなってしまうそうなのです。

これが自分の限界を決めるパラダイムです。限界は見えないガラスのコップです。そして限界をつくり上げているのは、自分自身なのです。

親は無意識に子どもを自分の枠に入れてしまうことがあります。子どものころにそのパラダイムに閉じ込めてしまうと、子どもは大きくなってからパラダイムに支配されて挑戦できない大人になってしまいます。

子どもが育った環境、親の育て方、教師をはじめ子どもを取り巻く大人たちの教育がパラダイムをつくります。

子どもが将来、いろいろなことに挑戦してその能力を発揮できるように、親はパラダイムに子どもを閉じ込めない工夫をすることが大切です。

お弁当持って遊びに行く?
行く〜

study

30

子どもの心に栄養を与える

子どもは、大きくなるまでに、たくさんの親の言葉、大人の言葉を聞いて育ちます。

「芸能人なんかになれるはずがない」

「今、勉強しておかないと、将来、苦労するよ」

「現実はそんなに甘くないのよ」

「それはごく一部の才能がある人の話よ」

小さいころからこのような、ムリ、ダメというマイナスの言葉をたくさん浴びて育つ子どもがいます。

「できる、できる」とほめられて期待されて育った子どもと、事あるごとに「あんたにはムリ」と言われて育った子どもとでは、考え方、行動力に差が出てくることは容易に想像できます。

このようにして、私たちの中にパラダイムが形成され、私たちはそうしてつくり上げられたパラダイムにとらわれて生きています。そのパラダイムにさえ気づかないで生きています。

しかし、そのままでは子どもは親の価値観、人生観の中で生きていくことになります。親を超えていくことはできません。

ですから「出会い」があるのです。出会いが、自分がパラダイムにとらわれていることを教えてくれます。パラダイムを打ち破るきっかけを与えてくれます。

私自身も、多くの人との出会いで自分のパラダイムに気づきました。それを乗り越え、打ち破ることができました。

人との出会いはとても重要ですが、それにも限界があります。遠く離れている所に住んでいる人、スケジュールが合わない人、憧れの世界で活躍している人がいます。限られた時間の中で多くの人と会おうとしても、時間にもお金にも限界があります。

ですから、本を読むのです。本を読みながら、作者と出会い、心の中で対話するのです。

本であれば、誰とでも簡単に出会うことができます。起業家、経営者、芸能人、プロスポーツ選手、江戸時代の有名人や紫式部や清少納言とでも対話することができるでしょう。

その人たちは、何かを極めた人たちです。親や教師、子どもの近くの大人が、経験したことがないような人生を歩んでいるはずです。得がたいような経験から、人生哲学や成功法則や生き方、考え方を手に入れた人たちです。

本を開けば、いつでもどこでも、すごい人たちと出会うことができます。その本から、知らない世界、社会、知識、情報、考え方、感動、いろいろなものを手に入れることができます。

ですから、読書は大事なのです。本を読む習慣は、人生の大きな財産となります。大きな力となります。

「本を読む生活は当たり前」、そんなプラスのパラダイムを子どもに与えてあげましょう。

お父さんやお母さん、おじいちゃん、おばあちゃん、子どもにとって影響力の大きい大人たちが本好きなら、きっとその子も本が好きになります。

お父さん、お母さんがいつも食卓で本を読んだり、本の感想を楽しそうに話していたら、子どもたちはきっと自分もそうしたいと思います。

ただし、叱りつけたり強制したりして、読書を大嫌いな時間、つらい時間にしないように注意することが必要です。本が嫌いになってしまいます。

「読書は心の養分」であると、国民教育の師父ともいわれる森信三《もりのぶぞう》先生もおっしゃっています。生きるための力を獲得するために必要な刺激や、心を豊かにする刺激は、時機を逸せず与えなければなりません。幼児のうちにさまざまな体験をさせることが必要だということです。

ぜひ、食卓で本の話をする習慣をつくってください。コツは楽しくワクワクする時間にすることです。そして、子どもによい影響を与えるために始めた読書生活は、きっと親にも読書の習慣を与えてくれるはずです。

子どものときに親と一緒に読んだ本は、お母さんの食事と同様に、子どもの記憶に深く刻まれるはずです。子どもの一生を支える財産となってくれるはずです。

EPILOGUE

食卓が「生き抜く力」を育てる

親が子どもに
身につけさせた食生活が、
子どもの一生をサポートする。

一人暮らしの大学生の貧しい食生活

子育ても、教育も、すべて子どもの自立のためです。わが子がどのように自立するか、どんな大人になるかを思い描きながら、子育てと教育をする必要があります。

小さなお子さんを育てているお父さんお母さんにとっては、「子どもが自立するなんて、大学生になって一人暮らしを始めるのはまだまだ先！」と思われているかもしれません。

けれども、子どもが自立してどんな食生活を送るのか、そして家庭での食生活が子どもの将来の基本中の基本となることを理解してもらうために、いまどきの大学生の食生活についてお伝えしたいと思います。

九州大学農学部には、毎年、二〇〇名を超える学生が入学してきます。

私も、一年生全員を対象にした講義の一部を担当していて、「自らの食生活を振り返る」というワークを行います。「この三食、どこで、誰と、何を食べましたか？」という調査票に、記入してもらいます。

このワークにより、いまどきの大学生の食の実態が明らかになります。

例1　女子大学生の3食

		1月14日 昼食	1月14日 夕食	1月15日 朝食
Aさん	どこで	食べてない	家	食べてない
	誰と		ひとり	
	何を		コンビニ弁当	
Bさん	どこで	学校	家	食べてない
	誰と	ひとり	ひとり	
	何を	おにぎり	カルボナーラ	
		チョコレート菓子	コーンスープ	
Cさん	どこで	学校	家	食べてない
	誰と	ひとり	ひとり	
	何を	サラダ	アイス	
Dさん	どこで	ピエトロ	友達の家	友達の家
	誰と	友達	友達	友達
	何を	イタリアンバイキング	もみじまんじゅう	インスタントスープ
			ミルクティー	もみじまんじゅう
			スナック菓子	スナック菓子

九州大学農学部一年生の女子学生の食生活です。

Aさんは三食で食べたものがコンビニ弁当だけです。

Bさんの昼食は、おにぎりと食べごたえのある手のひらサイズのチョコレート菓子。

ごはんをしっかり食べたあと、「甘いものは別腹」とチョコレートをつまんでいるわけではないのです。昼食が、おにぎりとチョコレート菓子。つまり、チョコレート菓子がおかずです。

Cさんは、昼食にサラダ、夕食にアイス、朝食は食べていない。

Dさんは、夕食も朝食も、もみじまんじゅうです。よっぽど、もみじまんじゅうが好きなのでしょうか。

毎日自炊をして、自分で作った弁当を大学に持ってきて食べる学生はほとんどいません。みんな、買ったお弁当やお総菜、外食で済ませています。

そして、この傾向は、国立大学であろうが私立大学であろうが、都市部にある大学であろうが、田舎にある大学であろうが、どこの学部、学科であろうが関係ありません。大学生になると、みんなこのような食生活になっていきます。

大学の周りには、必ずコンビニがあり、ファミレスがあり、ファストフード店があり、持ち帰り弁当店があります。なければできます。なぜなら、大学生が利用するとわかっているからです。

三日間食べたものすべてを写真に撮る

別の授業では、「三日間食べたものすべてを写真に撮る」という課題を学生に課しました。写真に撮ると、記述式の調査では見えなかった「大学生の食の実態」が明らかになります。

例2
女子大生Eさんの3食
10月14日（木）の食事

7：00
- 食べごたえのあるチョコレート菓子

7：30／朝食
- パン
- バナナ
- ヨーグルト

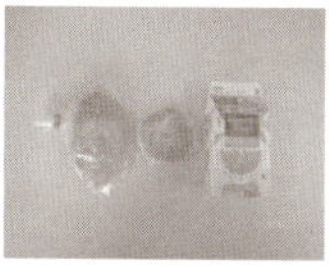

15：30／昼食
- パン
- まんじゅう
- グレープフルーツジュース

23：00／夕食
- ご飯
- マグロ

夜中の1：00
- アイスクリーム

終日
- ペットボトル茶

Eさんの食生活です。

十月十四日（木）。

朝起きて七時に、ピーナッツとヌガーの入った食べごたえのあるチョコレート菓子を食べ、七時半に朝食として、パン、バナナ、ヨーグルトを食べています。私がとても驚いたのは、朝起きて、朝ごはんの前にお菓子を食べていることです。

昼食は午後三時半に、パン、まんじゅう、グレープフルーツジュース。

夕食は夜の十一時に、ご飯とマグロ。

食事の時間がめちゃくちゃです。しかも、夜中の一時にアイスクリームを食べています。

一人暮らしをしていたら、食事の時間がめちゃくちゃになろうが、夜中にアイスクリームを食べようが、誰も叱ってくれないし、何も言ってくれないのです。


十月十六日（土）。

朝の六時に朝食として、パン、キウイ、豆乳。そして、七時に大学芋。

何かおかしくありませんか？

十二時半に昼食、パン二個とアロエジュース。

夕食は二十二時半にトマトときゅうり。「え、それだけで足りるの？」と思っていたら続きがありました。二十四時にワカメ、夜中の一時にくらげ、一時半にパイナップルです。

何かおかしくありませんか？

例3

女子大生Eさんの3食
10月16日（土）の食事

6：00／朝食
- パン
- キウイ
- 豆乳

7：00
- 大学芋

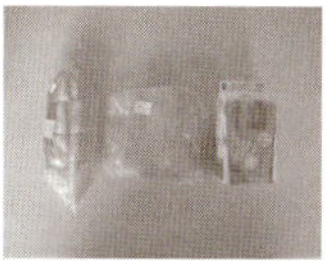

12：30／昼食
- パン2個
- アロエジュース

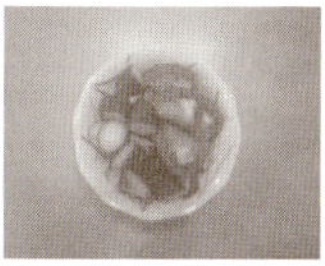

22：30／夕食
- トマト
- きゅうり

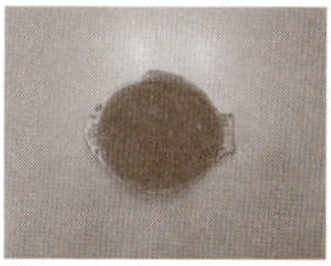

24：00
- わかめ

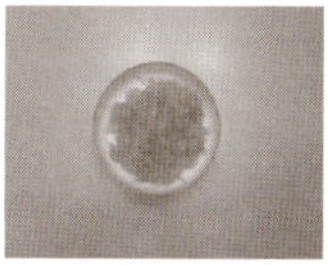

夜中の1：00
- くらげ

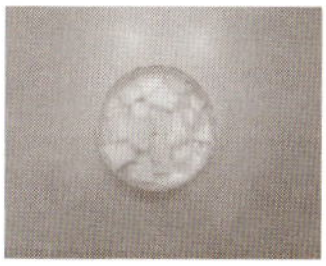

夜中の1：30
- パイナップル

十七日（日）の食事内容にはもっと驚きます。朝の六時に朝食です。パン、キウイ、豆乳、まんじゅう。六時半にパイナップル、七時にクッキー。食べ続けています。

そうかと思えば、昼食は食べません。

そうして家に帰ってから、二十三時にご飯と納豆で夕食。再び、食べ続けの時間に入ります。二十四時にアイスクリーム、夜中の一時半に豆乳、夜中の二時に梨。

こういう学生がどのような生活を送っているのかといえば、ずっとパソコンの前に座ってインターネットをしているのです。おなかがすいたら、冷蔵庫を開けて、食べるものを探し、それを食べながらまたインターネットをする。「もうちょっと食べたいな」と思ったら、また、冷蔵庫を開けて……という生活です。

パソコンの前でダラダラ食べ続ける、食事の時間と食事以外の時間の区別がない生活なのです。

最近は、Facebook などのＳＮＳや、インターネットゲームが普及していますから、こうした生活を送っている学生が増えています。

例4　女子大生Eさんの3食
10月17日（日）の食事

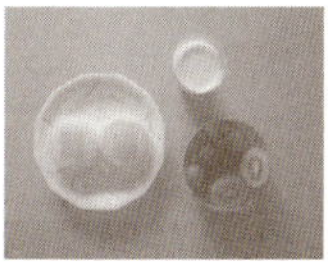

6：00 ／朝食
- パン
- キウイ
- 豆乳
- まんじゅう

6：30
- パイナップル

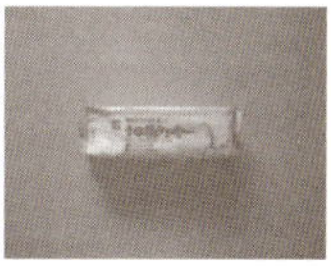

7：00
- クッキー

昼食／なし

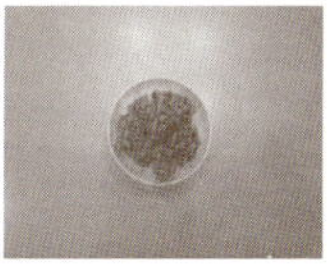

23：00 ／夕食
- ご飯
- 納豆

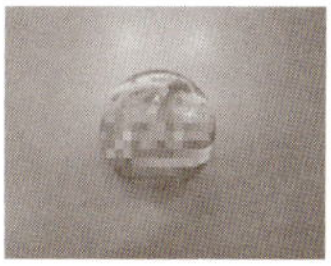

24：00
- アイスクリーム

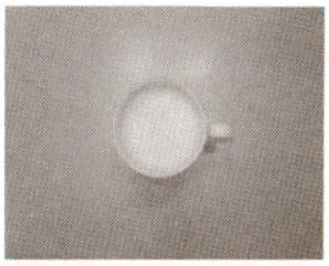

夜中の 1：30
- 豆乳

夜中の 2：00
- 果物の梨

終日
- ペットボトル茶

自宅から通う大学生の食生活

自宅から通っている学生たちの調査結果を見てみると、朝食も夕食も自宅で家族と一緒に食べている場合が多く、以下のような結果となりました。

- 朝食を必ず食べている
- 夕食をしっかり食べている
- 夕食は必ずご飯
- 朝食も夕食も自宅で食べている
- 家族そろって食べている

つまり、自宅から通う大学生はきちんとした食生活が送れているということになります。

自宅から大学に通うと、きちんとした食生活が送れるけれど、一人暮らしになると乱れてしまうというのが実態かもしれません。

自宅から通う学生も、就職したり、結婚したりして、いつかは実家を離れて生活することになるでしょう。いつまでも、親がいなくてはきちんとした食生活ができない、ということでは困るのです。

大学生になって困らないように、子どものころから「きちんとした食習慣」を身につけさせることが必要です。それは、大人になるためのトレーニングなのです。

大学生になってからも、社会に出てからも、能力を発揮するのに大切な習慣は「早寝、早起き、朝ごはん」です。それは、子どものころと一緒なのです。

みなさんも、三日間の食卓を写真に撮ってみてください。子どもに食べさせているものすべてを写真に撮ってみてください。食卓の写真を撮ってみてください。みなさんのご家庭の「食の実態」が、リアルに見えてくると思います。

子どもに食生活を教えるのは大人になるための準備

これが大学生の食生活の現実です。

親は「大学に入れば、一人暮らしをすれば、自炊能力は勝手に身につく」と思っているかもしれません。

昔はそうでした。自炊しなければ食べるものがありませんでした。生きていけませんでした。

しかし、今は違います。

コンビニがあり、ファストフード店があり、ファミレスがあり、持ち帰り弁当があります。五百玉を持って少し歩けば、おいしいものがいつでもどこでも食べられる時代です。私たち親が子どもを送り出す社会は、そんな便利すぎる飽食の社会です。自炊能力がなくてもちゃんと生きていけるのです。

買い物に行き、料理をして、皿を洗う――。そんな時間があるのなら、バイトして、その時給でコンビニ弁当を買って食べたほうが合理的だと考えるわけです。コンビニ弁当なら、皿を洗う必要もありません。料理をしないのですから、生ごみも出ません。

こんな便利すぎる飽食の社会で一人暮らしをしながら、自分の体と心の健康を守る食生活をしよう、自炊をしようと思えば、相当強い意志が必要だということです。

このような大学生が、数年後には社会人になります。

大学生のときのむちゃくちゃな食生活が、社会人になったらいきなりきちんとする、などという奇跡は起こりません。大学生のときにできない自炊が、社会人になったらいきなりできるようになる、などということはないのです。

たいていの学生は、あまりお金がありません。ですから「ご飯をまとめて三合炊いて、ラップに包んで、レンジでチンしたほうが安上がり」とせざるを得ない場合があります。お金がないことが唯一の自炊のインセンティブです。

しかし、社会人になれば、毎月給料がもらえます。自炊能力を高める唯一のインセンティブが奪われるのです。何でも買って食べられるし、いくらでも外食できるのです。

残業もあり、付き合いも増えます。東京の一人暮らしのサラリーマンに聞くと、「三食とも外食」「この一年間に自炊したことは一度もない」などという話はざらにあります。男性のほうが自炊しない人が多いでしょうが、女性でも似たり寄ったりの生活ではないでしょうか。

その数年後に、すてきなパートナーを見つけ、結婚するとしましょう。では果たして、結婚すればいきなり料理ができるようになるでしょうか。そんなことはありません。

そして、皆、共働きです。

仕事から疲れて帰ってきて、それからスーパーに行って食材を調達し、料理し、食べて、皿を洗い、生ごみを捨て……という生活は、なかなかできることではありません。

私だって夫婦共働きだった新婚時代には、同じでした。お互いの仕事が終わったあとに自宅マンションの一階の居酒屋で待ち合わせて、そこで夕食を済ませてから帰る毎日でした。

では、子どもができたら、いきなり料理ができるようになるかといえば、そんなこともありません。現在は、離乳食が作れなくても子育てができる時代です。ドラッグストアやスーパーに行けば、ベビーフードが山のように売られています。

料理は、自炊は、立場や所属が変わればいきなりできるようになる、というものではありません。

料理は経験値の積み重ねです。経験を重ねることでしか、できるようにならないのです。ですから、大学生になっても、社会人になっても、結婚しても、子どもができても、やらなければできないままです。

こうして大学生の貧しい食卓が、そのまま家庭の食卓となっていきます。

そんな食卓で育つ子どもの心が豊かに賢く育まれるかどうかは疑問です。子どもからその子どもへ、食卓の風景は伝えられていきます。**あなたの家の今晩の食卓は、日本の未来へとつながっているのです。**

子どもに「きちんとした食生活のできる大人」に育ってほしければ、子どものころから「きちんとした食生活」で育てることです。「きちんとした食生活」をする親の姿を見せることです。それが当たり前になることです。

「あなたが大切」だという親の心を伝えるには、「きちんとした食生活」をつくることです。

あなたの親も、そうやって「きちんとした食生活」をつくってくれたのです。ですから、あなたを育ててくれたおじいちゃん、おばあちゃんの話を自分の子どもにして聞かせることです。そのすべてを当たり前の習慣にすることです。

強い心と体を守る食生活が習慣になってしまえば、一人暮らしをしても、結婚しても、自然とできるはずです。

親が食卓で身につけさせた食生活は、子どもの一生をサポートしてくれます。親が子どもに伝えるべき最も大切なことなのです。

おわりに

二〇〇七年八月に第一子が生まれました。結婚六年目、待ちに待った子どもでした。妻は、七月から妻の実家に帰省し出産準備。出産後も一カ月は実家で過ごし、九月十五日に久しぶりにわが家に帰ってきました。

その間は、私もほとんど妻の実家で過ごしていたので、わが家は掃除が全く行き届いていませんでした。川に面している家は湿気が多く、二カ月間ほぼ留守にしていると、廊下にカビが生えるほどでした。

そこで、当日の早朝から、大分に住む私の母に来てもらい、家を掃除してもらうことにしました。

母は、朝五時過ぎの始発高速バスに乗り、八時過ぎにわが家に到着。それから二人で一生懸命に掃除をしました。

九時半に、私は高速道路を車で飛ばして妻と娘を迎えに行き、高速道路を超安全運転で走り、三人でわが家に帰ってきました。家はピカピカになっていました。ちょうどお昼です。

私が「お昼ごはん、どこかに食べに行こう」と声をかけました。

すると母は、「あるものでいいなら作ってきたよ」と、旅行バッグから大きなタッパーを二つ取り出しました。

開けてびっくり。めでたい席だからと、ちらし寿司を作ってくれていました。私の大好物の母のちらし寿司です。

そして、ちらし寿司には絵が描かれていました。

錦糸卵で背景を作り、鮭のそぼろと海苔でハート形の笑顔、そして切ったインゲン豆で「おめでとう。おかえり」と書かれていました。

妻は歓声を上げました。

私は胸が熱くなりました。

目頭が熱くなり、抱っこしている娘の顔に、涙がこぼれました。

朝五時過ぎの始発に乗る前にちらし寿司を作ろうと思えば、相当に早起きしなければなりません。でも、それをする母です。

インゲン豆をそのまま入れても、インゲン豆を切って「おめでとう。おかえり」と書いても、カロリーも、ビタミンも何も変わりません。でも、それをする母なのです。「私はこうして育てられたんだ」と、あらためて実感しました。

そして、心で誓いました。

自分もこうやって娘を育てよう、と。娘にちゃんと食べさせよう、と。

それから七年。わが家の子どもたちは、現在、長女が七歳で小学校一年生、長男が五歳です。

私はまだ親歴七年しかありません。子育て論、教育論、学力論を語るのに、圧倒的に経験が少ないことは自覚しています。

では、「子どもを三人、東大に合格させた」からといって、子育て論、教育論、学力論が語れるかというと、それも違うと思っています。

子育ては結果論です。そして、その結果が出るのは、相当に先の話です。

早期教育をして「お受験」に合格したけれど、学校で問題行動ばかりを起こす子もいます。

高校を優秀な成績で卒業し、有名大学に入ったのに、引きこもりになった学生もいます。

一方で、大学に進学できなかったけれど、起業して成功を収める人もいます。

大学を卒業し、一流企業に入ったのに、精神的な病を患ってしまう人もいます。

進学、就職と順風満帆なのに、なかなか結婚できない人もいます。結婚できたのに、DV（ドメスティックバイオレンス）をしたり、相手の価値をおとしめるようなモラルハラスメントをしてしまう人もいます。

苦労続きの人生であっても、多くの仲間に囲まれ、惜しまれながらこの世を去っていく人もいます。

いい人生かそうでないかは、いつ、どのような基準で評価するかで違ってきます。どこまでが子ども自身の責任で、どこまでが親の責任かも不明確です。ですから、親の子育てが正しかったかどうかは、なかなかわからないのです。

自分の子育てが正しかったかどうかがわかるのは、自分の子どもに子ども（つまり孫）ができ、自分の子どもがどんな子育てをしているかを見るときでしょう。

子どもが「自分が育てられたように、この子も育てよう」と思い、愛情いっぱいに、子育てしている姿が見ることができたときに、「自分の子育ては間違ってなかった」と初めてわかるのではないかと思っています。

子どもが「親にちゃんと食べさせられて育てられたように、この子にもちゃんと食べさせよう」と思い、愛情いっぱいの食卓をつくる姿を見たときに、「自分の子育ては間違ってなかった」と初めてわかるのでしょう。

子育ては、なかなかゴールの見えない、マラソンのようなものです。

なかなかゴールが見えないからこそ、子どものためを思い、信念を持って選択し、その選択に責任を持ち、子どもを信じて走り続けるしかありません。

本書に書いたことのなかには、「それは違う」「私はそう思わない」とみなさんが思われることもあるでしょう。子育てにはいろいろな考えがあっていいと思っています。

子育てや教育に正解はありません。しかし、「間違い」はあります。間違えないようにする努力が大事だと思います。そして、選択することです。その選択に責任を持つことです。

本書は、私自身の「子育て」や「教育」や「子どもの成長や発達」に関する興味、関心がきっかけとなり、多くの先輩方の経験やエピソード、研究成果を調べ始め、これからの社会を担う一人でも多くの子どもが「生まれてよかった」「パパとママの子どもでよかった」と思えるような食卓、家庭、社会が実現できるように願って書きました。

調べながら、書きながら、あらためて確信しました。

食は子どもの体を育むだけでなく、子どもの心を育みます。さらには子どもの学力も育みます。つまり、食が子どもの未来と人生をつくるのです。

私が、食に興味を持ち、これほどまでに熱心に関わることになったのは、間違いなく母のおかげです。私に人生を与えてくれました。価値観の土台を形成してくれました。味覚も調理技術も、すべてその基礎は母が鍛えてくれました。

いつもはなかなか連絡もしないし、恥ずかしくて感謝の言葉を伝えることができないけれど、この本には、私を育ててくれた両親への感謝の気持ちを込めて書きました。

産んでくれてありがとう。育ててくれてありがとう。食べさせてくれてありがとう。

こんなにも素晴らしい人生を与えてくれてありがとう。

佐藤弘さん、竹下和男先生、内田美智子先生、内田克彦先生、魚戸おさむ先生、タカコナカムラさん、安武信吾さん、比良松道一先生、稲増義宏先生、福田泰三先生、吉田俊道先生、友道健氏先生、大畑伸幸先生、太宰潮先生、今井一彰先生、岡崎好秀先生、渡辺美穂さん、森千鶴子さん、手嶋法子さん、宮成なみさん、北川みどりさん、末次寿・由美ご夫妻、柴田真佑さん、船ヶ山清史さん、坂本義喜さん、三谷久美子さん、新城敦先生、昇幹夫先生、田村知香子さん、土岐山協子さん、大山貴司さん、大西正起さん、作田雅子さん、かしまひふみさん、余川亘さん、宝肖和美さん、渡邉雅美さん、日比野憲輔さんをはじめ、ここに書ききれないほどの「食」仲間の皆さま。人は人でしか磨かれません。私にこんなにも温かくてすてきな人生をつくってくれて本当に感謝しています。

この本は、月刊誌『小児歯科臨床』（東京臨床出版）での連載、「子どもの心も育む食」の原稿を大幅に加筆修正し、まとめました。『小児歯科臨床』のスタッフの皆さまに、心から感謝いたします。

すてきな本に仕上げてくださった編集者の茂木美里さん、デザイナーの吉崎広明さん、イラストレーターのにしだきょうこさん、現代書林の皆さまにも心から感謝いたします。

妻、倫子へ。長女、音稲へ。長男、虎史朗へ。

四人で囲むわが家の食卓は本当に幸せです。

おいしい料理だけでなく、食事をしているときの笑顔、会話、すべてをいただいて、毎日を幸せに、豊かに生きています。

本当にありがとう。

もし、このまま音稲、虎史朗が、優しく、たくましく、育ちゆくのだとしたら、それは間違いなく、食卓の力です。

本当にありがとう。

二〇一六年十一月七日　佐藤剛史

資料参考文献

内田美智子・佐藤剛史『ここ　食卓から始まる生教育』西日本新聞社、二〇〇七年
ジョン・ボウルビィ著、黒田実郎・大羽蓁・岡田洋子訳『母子関係の理論　I愛着行動』岩崎学術出版社、一九七六年
竹下和男／香川県高松市立国分寺中学校『台所に立つ子どもたち――香川・国分寺中学校の食育』（シリーズ・子どもの時間④）自然食通信社、二〇〇六年
内坂芳美『しょっぱい。すっぱい。にがい。あまい。子どもの五感をめざめさせる「味覚の授業」』合同出版、二〇〇七年
『七訂 食品成分表２０１６』女子栄養大学出版部、二〇一六年
川島隆太『子どもの脳を鍛える子育てアドバイス』光文社（知恵の森文庫）、二〇〇八年
林大監修、宮島達夫・野村雅昭・江川清・中野洋・真田信治・佐竹秀雄編『図説日本語　グラフで見ることばの姿』角川書店（角川小辞典９）、一九八二年
クリス・バーティック著、夏目大訳『「期待」の科学　悪い予感はなぜ当たるのか』阪急コミュニケーションズ、二〇一四年

西田文郎『面白いほど成功するツキの大原則』現代書林、二〇〇一年
西田文郎『No.1理論』現代書林、一九九七年
梶田叡一『教育における評価の理論I　学力観・評価観の転換』金子書房、一九九四年
清水宏吉『「つながり格差」が学力格差を生む』亜紀書房、二〇一四年
岸本裕史『見える学力、見えない学力』大月書店（国民文庫―現代の教養）、一九九六年
中嶋洋子監修『改訂新版　栄養の教科書』新星出版社、二〇一六年
浅野伍朗監修『からだのしくみ事典』成美堂出版、二〇〇二年
松生恒夫『腸育をはじめよう！　子どもの便秘を放置したらダメ！』講談社（講談社の実用BOOK）、二〇一三年
成田奈緒子『早起きリズムで脳を育てる　脳・こころ・からだの正三角形』芽ばえ社、二〇一二年
近藤二郎総監修『21世紀こども百科　もののはじまり館』小学館、二〇〇八年
樺沢紫苑『脳内物質仕事術』マガジンハウス、二〇一〇年
神山潤『「夜ふかし」の脳科学　子どもの心と体を壊すもの』中央公論新社（中公新書ラクレ）、二〇〇五年
有田秀穂・中川一郎『「セロトニン脳」健康法―呼吸、日光、タッピングタッチの驚くべき効果』講談社（講談社＋α新書）、二〇〇九年

椋鳩十『母と子の20分間読書』あすなろ書房、一九九三年
大嶋啓介『すごい朝礼』現代書林、二〇一四年
寺田一清編『森信三先生のことば「読書のすすめ」』登龍館（たねまき文庫）、二〇〇三年
「社会に広めたい『子育て四訓』」『湧泉』第9号、日本時事評論社、二〇一一年
鈴木秀子「『縁を生かす』1」、『みやざき中央新聞』第2615号、二〇一五年九月七日
「小6 1000人生活実態浮き彫り　福岡・JA糸島調査」『西日本新聞』14面、二〇〇八年十一月三十日
『青少年の体験活動等に関する実態調査』（平成24年度調査）報告書」、国立青少年教育振興機構、平成二十六年三月
神川康子「子どもたちの生活の現状」「こどもの睡眠足りてますか？　〜眠って、賢く、優しく、美しく、人間力UP!!　基本的な生活習慣と自己管理能力を育む」〈http://www.jfnm.or.jp/nemurin/img/siminkouza/260315/kamikawa〉
郡司和夫「凶悪少年犯罪、親の料理を食べる習慣の少なさと因果関係か　偏食や一人夕食も　警察調査」Business Journal（ビジネスジャーナル）、二〇一五年三月六日〈http://biz-journal.jp/2015/03/post_9155.html〉
「平成27年度　受賞者紹介ムービー［社会貢献の功績］中本忠子さん」公益財団法人社会貢献支援財団

〈https://www.youtube.com/watch?v=By5_GkYh7Us〉
「子どもの味覚〝正しく認識できず〟」『NHKニュースウォッチ9』、二〇一四年十月二〇日（月）放送、〈http://archive.is/jBPO6〉
「30％余の子ども 味覚認識できず」NHK NEWSWEB、二〇一四年一〇月二十二日、〈http://archive.fo/dEAPi〉
「3歳までが勝負　子どもの味覚の育て方」『DUALプレミアム』NIKKEI STYLE、二〇一五年七月三〇日〈http://style.nikkei.com/article/DGXMZO89377000W5A710C1000000?channel=DF260120166497&style=1〉
「子どもの前で夫婦げんかはNG　脳の発達に悪影響を及ぼす可能性あり」IRORIO、二〇一四年二月二十二日〈http://irorio.jp/kondotatsuya/20140222/114661/〉
「日本小児科学会が緊急提言　『乳幼児のテレビ・ビデオ長時間視聴は危険です』」日経メディカルOnline、二〇〇四年四月八日〈http://medical.nikkeibp.co.jp/inc/all/hotnews/archives/300721.html〉
東京都教育委員会ホームページ「平成24年度『児童・生徒の学力向上を図るための調査』の結果について」教育庁、平成二十四年十一月二十二日〈http://www.kyoiku.metro.tokyo.jp/press/pr121122.htm〉
「低所得家庭の小学生、朝食抜き傾向　900人対象調査」日本経済新聞 電子版、二〇一四年八月一日〈http://www.nikkei.com/article/DGXLASDG0103G_R00C14A8CR8000/〉

舞田敏彦「東大生の家庭の年収分布」、ブログ「データえっせい」、二〇一五年二月二日〈http://tmaita77.blogspot.jp/2015/02/blog-post_2.html〉
「2014年（第64回）学生生活実態調査」『学内広報』、東京大学広報室
二〇一五年十二月十一日〈http://www.u-tokyo.ac.jp/content/400037152.pdf〉
「学力テスト好成績　親の経済力も相関関係　文科省調査」産経ニュース、二〇一四年三月二十八日〈http://www.sankei.com/life/news/140328/lif1403280001-n1.html〉
「平成22年国民生活基礎調査の概況」厚生労働省、平成二十三年七月十二日〈http://www.mhlw.go.jp/toukei/saikin/hw/k-tyosa/k-tyosa10/〉
「スマホと一緒に寝る子ども、睡眠短く　健康被害の恐れも」CNN.co.jp、二〇一五年一月六日〈http://www.cnn.co.jp/fringe/35058659.html〉

佐藤剛史の主な著作

『すごい弁当力!』
(PHP文庫)

『弁当の日　食べ盛りの君たちへ』
(西日本新聞ブックレット)

『大学では教えてくれない大学生のための22の大切なコト』
(西日本新聞ブックレット)

『大学で大人気の先生が語る〈恋愛〉と〈結婚〉の人間学』
(岩波ジュニア新書)

『大学で大人気の先生が語る〈失敗〉〈挑戦〉〈成長〉の自立学』
(岩波ジュニア新書)

『自炊男子「人生で大切なこと」が見つかる物語』
(現代書林)

『夢と希望の人生学　これからの「生き方」が見つかる授業』
(現代書林)

『ここ　食卓から始まる生教育』
(西日本新聞社)、内田美智子との共著

『いのちをいただく』
(西日本新聞社)、内田美智子著、佐藤剛史監修

『ひとりでお弁当を作ろう』
(共同通信社)、多賀正子著、竹下和男・佐藤剛史監修

『結婚できる「婚学」教室』
(集英社)、馬場純子との共著

『結婚検定』
(ジービー)、婚学普及会監修

『みんなにありがとう』
(書肆侃侃房)、monとの共著

『金の卵　ニワトリへの愛情が黄金ビジネスを生む!』
(築地書館)、早瀬憲太郎との共著

『中高生のための「かたづけ」の本』
(岩波ジュニア新書)、杉田明子との共著

著者略歴

佐藤剛史

（さとう・ごうし）


九州大学大学院農学研究院助教。農学博士。

1973年、大分県大分市生まれ。

九州大学農学部の教員として、環境経済学の研究と〝学生の人生のhappy〟を考える授業を行っている。体験や参加を重視した授業は、学生から高い支持を得て、研究室には、学部、学科を超え、他大学からも多くの学生が集まる。

「子どもの心も育む食育」「人と自分を大切にする食」などをテーマにした講演活動は年間100回を超える。幼稚園での講演や、子育て中のママを対象としたセミナーなどでも人気を博している。また、新聞掲載、テレビ・ラジオ出演など幅広く活躍中。

福岡県糸島市在住、２児の父親。

関連サイト

佐藤剛史　公式ウェブサイト　http://goshisato1973.com/
佐藤剛史 on facebook　http://www.facebook.com/goshisato1973

本書は『小児歯科臨床』（東京臨床出版）で平成二十七年四月号～平成二十八年十一月号までの間で、十七回にわたり掲載された「子どもの心も育む食」を大幅に加筆訂正してまとめたものです。

地頭《じあたま》のいい子《こ》を育《そだ》てる食卓《しょくたく》の力《ちから》

6歳《さい》までに身《み》につけたい30の習慣《しゅうかん》

2016年12月19日　初版第1刷
2018年12月19日　　　第2刷

著　者 ――――――― 佐藤剛史《さとうごうし》
発行者 ――――――― 坂本桂一
発行所 ――――――― 現代書林
〒162-0053　東京都新宿区原町3-61　桂ビル
TEL／代表　03(3205)8384
振替00140-7-42905
http://www.gendaishorin.co.jp/

デザイン ―――――― 吉崎広明（ベルソグラフィック）
イラスト ―――――― にしだきょうこ（ベルソグラフィック）
写　真 ――――――― 佐藤剛史

印刷・製本　広研印刷㈱
定価はカバーに表示してあります。
万一、落丁・乱丁のある場合は購入書店名を明記の上、小社営業部までお送りください。送料は小社負担でお取り替え致します。
この本に関するご意見・ご感想をメールでお寄せいただく場合は、info@gendaishorin.co.jp まで。

ISBN978-4-7745-1599-1 C2037